广东海洋大学创新强校农林经济管理学科经费资助
广东海洋大学科研启动经费资助项目

ASEAN

东盟农业投资研究

邓 岩◎著

Research on Agricultural Investment of Asean

中国经济出版社
CHINA ECONOMIC PUBLISHING HOUSE
北京

图书在版编目（CIP）数据

东盟农业投资研究/邓岩著 .
—北京：中国经济出版社，2019. 8（2024. 1 重印）
ISBN 978-7-5136-5704-4

Ⅰ. ①东… Ⅱ. ①邓… Ⅲ. ①农业投资—国际合作—经济合作—研究—中国、东南亚国家联盟 Ⅳ. ①F323. 9

中国版本图书馆 CIP 数据核字（2019）第 099215 号

责任编辑 叶亲忠
责任印制 马小宾
封面设计 华子图文

出版发行 中国经济出版社
印 刷 者 大连图腾彩色印刷有限公司
经 销 者 各地新华书店
开 本 710mm×1000mm 1/16
印 张 13. 75
字 数 180 千字
版 次 2019 年 8 月第 1 版
印 次 2024 年 1 月第 2 次
定 价 65. 00 元
广告经营许可证 京西工商广字第 8179 号

中国经济出版社 **网址** www. economyph. com **社址** 北京市东城区安定门外大街 58 号 **邮编** 100011
本版图书如存在印装质量问题，请与本社销售中心联系调换（联系电话：010-57512564）

前　言

PREFACE

“一带一路”倡议提出以来，已经有100多个国家和国际组织积极响应，40多个国家和国际组织同我国签署了合作协议。在此背景下，中国发起设立了亚投行和丝路基金，为“一带一路”沿线国家基础设施、资源开发、产业合作和金融合作等提供投融资支持。2016年3月全国人大通过的“十三五规划”，将“一带一路”列为实现规划目标的重要支撑。2017年、2018年、2019年的政府工作报告都5次提及“一带一路”，布局并落实各项具体目标和任务。“一带一路”倡议逐步从构想迈向落实、深化，区域产业合作正当其时。

农业是“一带一路”产业合作的重点领域，东盟是“一带一路”开放合作的重要目标区域。中国与东盟地缘接近，中国在育种技术、作物生产管理、农产品市场规模等方面具有比较优势，而东盟农业资源丰富、生产成本较低、土地开发程度不高。中国与东盟在资源、技术、市场等领域的差异化和互补性，为农业投资合作提供了巨大的发展空间。

对于中国农业而言，东盟农业投资研究具有十分重要而紧迫的现实意义：（1）落实与深化“一带一路”产业投资合作，推动区域农业资源的合理有效利用以及农产品市场的融合，提高区域整体农业发展水平；（2）统筹利用国际国内两个市场、两种资源，有效调剂和补充区域各国农产品供给，在提高东盟地区粮食总产量的同时，间接提高国内粮食安全保障能力；（3）促进国内农业过剩产能的对外转移，破解因气候和资源约束带来的农业发展难题，推动中国农业产业结构调整与转型升级；(4) 引导农业对外投资，加快农业“走出去”战略的向前推进，培育和巩固中国在东盟农业发展中的优势与领导地位。

本书分为9章。第1章和第2章介绍了东盟农业投资的研究背景、意义与概况，东盟农业投资的现状、特点与问题；第3章和第4章分析了东盟各国农业投资政策和主要投资类别；第5章从国别、产业和合作领域三个方面分析东盟农业投资重点；第6章归纳了东盟农业投资面临的主要风险，有针对性地创建了东盟农业投资风险评价方法；第7章和第8章分析了东盟农业投资的典型案例，以及其他国家对东盟农业投资的经验借鉴；第9章从政府和企业两个层面提出推进东盟农业投资的对策与措施。

本书关于东盟农业投资有关问题的研究，可以指导中国对东盟农业投资的决策和运营，也可以为中国与“一带一路”区域国家开展相关产业投资合作提供借鉴及参考。

目 录

CONTENTS

第1章

导　论

1.1　研究的背景与意义

1.1.1　研究背景

习近平主席于2013年9月出访哈萨克斯坦、10月出访印度尼西亚时分别提出建设“丝绸之路经济带”和“21世纪海上丝绸之路”（以下简称“一带一路”）的倡议，得到有关国家的积极响应和国际社会的普遍赞誉。中共十八届三中全会进一步提出，要“构建开放型经济新体制”和“扩大内陆沿边开放”，并对推进“一带一路”建设做出战略部署。2014年中央经济工作会议中更是将“一带一路”确定为优化经济发展空间格局的三大战略之一。在此背景下，中国还发起设立了亚投行和丝路基金，为“一带一路”沿线国家基础设施、资源开发、产业合作和金融合作等提供投融资支持，中国对外投资将开启全新格局。2015年全国“两会”上，李克强总理在政府工作报告中提出，把“一带一路”建设与区域开发开放结合起来，统筹多边、双边和区域开放合作。2016年3月全国人大通过的“十三五规划”中，将“一带一路”列为实现规划目标的重要支撑。2017年、2018年、2019年的中国政府工作报告都5次提及“一带一路”，布局并落实各项具体目标和任务。“一带一路”倡议逐步从构想迈向落实、深化，区域产业合作正当其时。

农业交流与农产品贸易是古丝绸之路经贸活动的主要组成部分，也是21世纪中国与东盟合作的重点领域之一。中国与东盟地缘接近，中国在育种技术、作物生产管理、市场规模等方面具有比较优势，而东盟农业资源丰富、生产成本较低、土地开发程度不高。中国农业发展亟须拓展生产和销售区域，利用全球资源化解内部困境，而东盟对中国农业技术有强烈的需求。中国与东盟在资源、技术、市场等领域的差异化和互补性，为农业投资合作提供了巨大的发展空间。

1.1.2 研究目的和意义

农业是“一带一路”产业合作的重点领域，东盟则是“一带一路”开放合作的重要目标区域。因此，本书拟通过分析中国与东盟农业投资合作的资源、经济和社会基础，总结中国对东盟农业投资发展的现状、特点和问题，对比分析东盟农业投资的国别、产业及重点领域，归纳影响中国对东盟农业投资的主要风险、障碍及问题，并提出针对性的政策建议，以期为中国—东盟农业投资合作决策提供指导与参考。

本研究具有十分重要而紧迫的现实意义：

(1) 落实“一带一路”产业投资合作，推动区域农业资源的合理有效利用以及农产品市场的融合，提高区域整体农业发展水平。

(2) 统筹利用国际、国内两个市场、两种资源，有效调剂和补充区域各国农产品供给，在提高东盟地区粮食产量的同时，间接提高国内粮食安全保障能力。

(3) 促进国内农业过剩产能的对外转移，破解因气候和资源约束带来的农业发展困局，推动中国农业产业结构调整与转型升级。

(4) 引导农业对外投资，加快农业“走出去”战略的向前推进，培育和巩固中国在区域农业发展中的优势与领导地位。

1.2 相关文献综述

1.2.1 农业对外投资影响因素的研究与讨论

近年来，农业对外投资已成为国内外关注的焦点。一些国家政府、国际组织、大宗商品交易商，甚至机构投资者都积极从事国外农业投资。随着中国农业“走出去”战略的不断实施，尽管企业在境外进行农业资源开发逐渐增多，但与发达国家相比，中国农业对外投资规模仍然较小。中国农业企业对外投资的影响因素及其作用方向和影响程度存在差异，主要包括以下几个方面：

（1）农业经济发展水平。Dunning J.（1981）提出的投资发展周期理论认为，一国的净对外直接投资量与该国经济发展水平呈正相关。Andreff（2002）也认为投资国经济发展水平等因素是其对外直接投资的主要决定因素。部分学者（Barry、Gorg & McDowell，2003；Duran & Ubeda，2005）对此进行实证分析表明，随着一国的经济总量增长，对外投资量也在增加。在确保中国粮食安全所需农业自然资源的前提下，单纯依靠国内农业自然资源无法保障中国其他农产品的长期有效供应。农业资源供需矛盾日益突出，利用境外农业资源是中国的必然选择（邹文涛，2012）。

（2）农产品出口。Dunning J.、Kim C. 和 Lin J.（2001）认为，一国的出口与对外直接投资之间存在内在联系，二者之间可能是替代关系，即为了规避贸易壁垒对出口的阻碍而增加对外直接投资；也可能是相互促进关系，即企业最先一般会选择产品出口的模式，随着国际经验的积累、对国际市场的熟悉、海外市场的扩大和自身实力的增强，企业会选择控制程度更强、风险规避能力更强和资源承载水平更高的模式，如对外直接投资的方式进入国际市场，反之，企业可以通过建立出口平台或海外机构促进出口。王亚飞（2015）认为，农业对外直接投资与农产品出口之间呈正相关关系，农业对外投资对农产品进口也呈现出正相关的效应，但没有对进口的影响显著。

（3）农业引进外资。一国吸引的外资可以通过加强海外机构的所有权优势来促进该国的对外直接投资（Dunning J.、Kim C. & Lin J.，2001）。同时，国内产业可利用外资的示范效应和溢出效应来提高本土企业的生产率和管理水平，从而促进产业对外投资规模的扩大。Branstetter 和 Lardy（2006）在经验分析的基础上指出：发达国家在中国的跨国公司将中国作为出口平台的行为，显著地改善了中国的出口技术结构。Xu 和 Lu（2009）的研究结果同样表明：近年来，中国出口技术结构不断提升，而导致这一变化的根本原因就是外商直接投资。

（4）政府对农业发展的支持力度。政府扶持农业的支出反映了国家对农业发展的支持力度，而农业的发展又有利于增强农业对外直接投资。Hikino 和 Amsden（1994）研究发现，20 世纪 90 年代亚洲新兴市场对外投资企业竞争能力的提升，在很大程度上得益于本国政府的政策扶持，政府的外资与外贸政策是影响企业对外直接投资的重要外部变量。由此可见，中国农业对外投资仍受自身经济发展阶段的制约。随着整体经济实力的不断增强，中国农业对外直接投资将会迅速增加。

1.2.2 中国农业对外投资的研究与讨论

有关中国农业对外投资的问题，国内学者的相关研究较为丰富，从研究内容来看，主要包括：

（1）关于农业对外投资的内涵。农业对外投资是指企业到国外投资，设立生产经营机构，向境外延伸研发、生产和营销能力，在更多的国家和地区合理配置资源从而进行扩张与发展；随着国际市场的开放，农业企业不断加强国际贸易，扩大农业产品的国际市场，接着通过合资、融资、直接投资等方式，建立资源在全球优化配置的机制，最后建立起农业跨国公司的过程（远铜，2014）。

（2）关于农业对外投资面临的问题与障碍研究。部分研究认为，当前中国农业对外投资主体不仅受限于自身能力缺失，还受到国内体制和政策限制以及东道国政策环境的制约，主要表现为：首先，国家在制定农业对外投资相关的产业政策、技术政策及法律法规时缺乏总体规划（何君等，2013），对农业对外投资主体的引导、促进、服务、保护与管制等方面的协调机制不健全（陈前恒等，2009）。其次，中国农业境外投资和资源合作开发利用的国际环境并不宽松。与我国合作的国家，很多政局不稳、行政效率低下，给我国企业进行境外投资、资源合作开发带来较大的风险（杨易等，2014）。一些国家的关税政策、劳工制度、人员素质都严重制约了中国农业在境外投资和进行资源合作开发的推进（陈姝彤，2014）。最后，中国农业企业普遍存在企业实力相对弱小，融资能力不足，抗风险能力差，国际投资经验不足，品牌意识淡薄，短期逐利倾向明显，人才储备缺乏（李保花，2014），生产类型单一，竞争力低下，内部恶性竞争激烈等问题（仇焕广等，2013）。此外，还存在着返销配额指标紧张，通关便利化水平低（王劲松、杨光、刘志颐，2014），农业对外投资企业对其他各国信息掌握不够（宋洪远，2014），应对政治风险的经验和防范能力有限等问题（蒋姮，2015），这些都在很大程度上制约了中国农业对外投资战略的推进。

（3）关于中国农业对外投资的相关政策与建议研究。马志刚（2014）针对现阶段中国农业“走出去”的特点，结合“走出去”企业的切实需求，提出支持农业对外投资方式的思路和建议，主要包括应加强信息服务、技术支持、政策引导以及对外投资资源和效果研究等。杨易（2012）、杨光（2014）、李艳君（2016）等分别分析了中国农业“走出去”在资金支持政策、税收政策等方面存在的问题。张洁、杨易（2014）提出以援外工作助推农业“走出去”。方旖旎（2015）针对中国企业境外投资的特点，建议政府制定区域投资引导政策，构建境外投资促进机构。总体来看，这些文献对认识中国农业对外投资的内涵、农业对外投资的影响因素以及农业对外投资面临的问题和障碍很有帮助，为本研究提供了良好的借鉴。

1.2.3 中国与东盟农业合作的研究与讨论

中国与东盟地区在农业资源、劳动力、技术、资金、市场等方面具有很强的互补性，双方在农业科技和农业产业化领域合作前景十分广阔。有关中国与东盟的农业合作问题也已引起学者们的广泛关注。从现有文献来看，对中国与东盟农业合作的研究主要集中在三个方面：

（1）东盟国家的农业发展现状。已有文献主要侧重于介绍东盟各国的自然条件、农业生产状况、农业技术特点和农业市场特点、农业发展政策等，并在此基础上分析了东盟各国的农业合作重点（卢肖平，2006；杜玉兰，2014）。

（2）中国与东盟农业合作的可能性与前景。郑一省（2002）、王盛威（2009）、汤鹏主（2009）认为，中国与大多数东盟国家是以农业为主的国家，双方都重视农业发展，合作潜力巨大。从近年中国农产品进出口贸易情况来看，东盟也是贸易额增长最快的地区，未来还有很大的上升空间（翁鸣，2015）。中国与东盟国家农业技术合作应创新和完善农业技术合作服务平台、突出农业企业的主体地位、夯实科研机构的支撑作用（朱月季等，2018）。

（3）中国与东盟的农产品贸易关系。中国与东盟的农产品互补性很强，并且中国从东盟进口的贸易互补性要强于中国出口东盟的贸易互补性（李琳，2016）。中国与东盟各国间的人均收入差距是影响中国对东盟农产品贸易逆差的首要因素，且人均收入差距的变化方向与逆差的波动方向相反，人民币汇率的影响作用次之；整体农产品贸易中，中国农产品竞争力低下，贸易结构的不甚合理是导致中国对东盟农产品贸易逆差的主要原因（尤前前，2017）。总体来看，这些研究同样具有重要意义，充分证明中国与东盟农业合作的重要性、必要性与可行性，为本研究提供了有益参考。

1.3　研究方法与路线

1.3.1　研究方法

本书通过对相关领域的现状研究、问题分析、专家咨询、已有文献讨论、理论演绎和归纳等，分析中国对东盟农业投资的概况、农业投资基础以及东盟国家吸引外资的政策；根据中国与东盟农业资源的互补性、农业技术与市场的融合度，研究中国企业对东盟农业投资的重点领域；开展实地调查，搜集相关数据，对中国企业投资东盟农业的风险进行评价；通过实地调研、专家访谈等方法，提炼总结中国企业投资东盟农业的基本情况、投资活动的优势和取得的经验，投资活动面临的风险、困难和制约因素；采用文献分析方法，搜集其他国家对东盟农业投资已有研究成果，为中国企业投资东盟农业提供参考；进行结果分析、理论总结和政策性研究，修正和完善研究报告。

本书采用的主要研究方法包括：

（1）系统分析方法：中国对东盟农业投资是一项系统工程，本书将从政治、经济、社会、民族、宗教各个方面，从宏观、微观两个视角，从历史、现实和未来不同时期全面研究中国投资东盟农业的相关问题。

（2）比较分析法：本书遵循历史与逻辑相统一的原则，采用比较分析法研究已有国家在东盟农业投资上的差异性与经验教训，为中国企业提供经验借鉴。

（3）案例研究：通过选取一些典型的企业进行案例分析和总结，找出问题，总结模式，提供一般性经验。

1.3.2 技术路线

本书以推进中国企业投资东盟农业为研究主线，研究了中国企业投资东盟农业的基础、投资行为、投资风险等问题，研究重点放在如何进一步扩大中国对东盟农业的投资规模上。本书首先提出研究的问题，对中国投资东盟农业的相关文献进行简要的回顾和述评，确定进行研究的逻辑思路与研究方法；其次，分析中国投资东盟农业的资源基础、经济基础和社会基础，介绍东盟国家农业利用外资制度的演变及现有制度安排，探讨现有制度安排的形成原因；再次，分析中国投资东盟农业的主体及其行为，包括投资动因、投资方式和投资的区位选择，剖析中国投资东盟农业的重点领域；最后，分析中国企业投资东盟农业面临的主要风险，提出风险管控措施，总结归纳国内企业投资东盟农业的成功经验，并采用文献分析方法，搜集其他国家投资东盟农业已有研究成果，为中国企业投资东盟农业提供借鉴与参考，并在此基础上，提出推进中国企业投资东盟农业的政策建议。

1.4 研究的主要内容

1.4.1 核心概念界定

（1）农业。本研究中的“农业”包括农业及涉农产业（Agri-industry）两部分，也就是把农业产前、产中和产后涉及的产业包括在内。农业一般是指农（种植业）、林、牧、渔各业及其服务业，即中国国家统计局产业分类法中第一产业所包括的全部内容。改革开放以来，农业生产的商品化、社会化和国际化，尤其是农业产业化发展，对农业的理解进行了新的拓展，提出了“十字形大农业”的概念。这不仅包括农、林、牧、副、渔业这五业中农业的“产中”横向环节，还将为农业提供生产资料和良种等服务的行业称为农业的“产前”环节，把农产品的加工、储藏、运输、销售等过程称为农业的“产后”环节，这些纵向环节可以理解为涉农产业，使农业的内涵大为拓展。具体来说，涉农产业主要包括与农业直接相关的农业生产资料行业，如种子、化肥、农药、农膜、农业机械等农业投入品行业或部门的生产和流通，以及农产品加工业，如食品制造业，食品加工业，饮料制造业，纺织业，服装及其他纤维制品制造业，烟草加工业，家具制造业，皮革、毛皮、羽绒及其制品业，木材加工及竹藤棕草制品业，造纸及纸制品业，橡胶制品业等行业或部门的生产或流通。

（2）农业 FDI。对外直接投资（Foreign Direct Investment，FDI），又称国际直接投资。联合国贸发会（UNCTAD）每年公布的世界投资报告（Word Investment Report），将 FDI 分为 Inward FDI 和 Outward FDI 两部分。前者是流入一国的来自国外的直接投资，即外商直接投资；而后者为一国向其他国家的直接投资，即通常所说的对外直接投资。农业 FDI 是指外国投资者通过转移垄断优势（包括无形资本）至受资国进行农业投资的活动，并获得对投资企业的经营控制权。直接利用外资包括合资经营、外商独资经营、合资开发、BOT 项目融资等方式。由于 FDI 与直接生产经营活动相联系，外国资本进入可直接增加东道国的生产能力和出口创汇能力，其风险也由外方自负或由东道国企业自负，一般不构成受资国的外债。

（3）东南亚国家联盟（Association of Southeast Asian Nations），简称东盟（ASEAN），是东南亚地区的综合性国际组织，成立于 1967 年，最早由新加坡、马来西亚、泰国、印度尼西亚、菲律宾 5 个国家创建。随后成员国不断增加，文莱于 1984 年独立后加入，越南于 1995 年加入，缅甸、老挝于 1997 年加入，1999 年 4 月 30 日，随着柬埔寨的加盟，东盟正式拥有 10 个成员国。其中，新加坡、马来西亚、泰国、印度尼西亚、菲律宾、文莱首先加入，所以习惯称之为老东盟成员国；而越南、缅甸、老挝、柬埔寨由于后加入东盟，故称为新东盟成员国。截至2014年底，东盟囊括了东南亚地区除东帝汶以外的所有国家，成为拥有444平方千米土地、5.91亿人口和24600多亿美元国内生产总值的区域性国际组织，是国际舞台上的一支重要力量。

1.4.2 研究内容

本书拟从宏观、微观两个视角对中国投资东盟农业的相关问题进行深入系统的分析研究，并在此基础上提出针对性的政策建议。具体内容如下：

（1）分析中国对东盟农业投资的资源、经济和社会基础，并对中国企业投资东盟农业的发展历程进行系统总结和综合分析。

（2）搜集和梳理东盟国家鼓励吸引外资的政策，对比分析东盟农业投资的重点领域。

（3）剖析中国对东盟农业投资主体的行为特征，包括投资动因、投资方式、区位选择等。

（4）对影响中国企业投资东盟农业的各种风险给予识别、度量，提出规避和管控的应对思路。

（5）采用案例分析方法，对典型企业进行调查分析，总结和归纳中国对东盟农业投资面临的主要障碍及问题；参考其他国家促进东盟农业投资的实践经验，提出旨在有利于推进中国企业投资东盟农业的政策建议。

第2章

中国对东盟农业投资概况

2.1 中国与东盟农业的合作背景

2.1.1 资源领域

1. 自然资源的互补性

东盟国家大部分地处热带，热量充沛，降水量大，自然条件优越，生产资源丰富。柚木、橡胶、木棉、棕榈油、金鸡纳霜等产品的产量和出口量居世界首位，大米、木材、椰产品、烟草、蔗糖、咖啡和麻等产品的产量和出口量也居于世界前列。由于中国人口基数大，人均资源拥有量少，而经济的快速发展使得中国对各种原材料和能源的需求量大幅度增长，国内资源的开发和利用已无法满足工业现代化发展的需要，东盟国家的种植业、养殖业和热带资源对中国来说相当重要。目前，东盟有许多森林和土地资源尚未得到充分和有效的开发利用，资源和市场的互补性为中国与东盟农业合作提供了广阔的发展空间。

林木资源：东盟国家的林业资源相当丰富。东盟热带木材蓄积量占世界总量的20%，占中国木材总需求量的28%，主要有龙脑香、红木类、花梨木、紫檀、柚木类、硬木类、岛松、南亚松等，仅柚木就占世界蓄积量的80%以上。虽然中国森林资源不如东盟国家，但在加工技术方面有优势，在合理开发森林资源的前提下，双方进行林产品加工和精深产品开发合作，有利于双方开展林业投资。2014 年，中国进口阔叶锯材 801.5 万立方米。其中，前十大进口市场就包含有泰国、菲律宾、印度尼西亚、马来西亚和越南，进口数量为 354.6 万立方米，占比 44.24%。

耕地资源：东盟十国土地面积 43260 万公顷，其中农用地 12384 万公顷，耕地 6868 万公顷，林地 21425 万公顷，内陆水域面积 1544 万公顷。其中，老挝、柬埔寨、缅甸等国仍有大量未开发的可耕地。丰富的耕地资源是中国与东盟农业合作的重要基础。

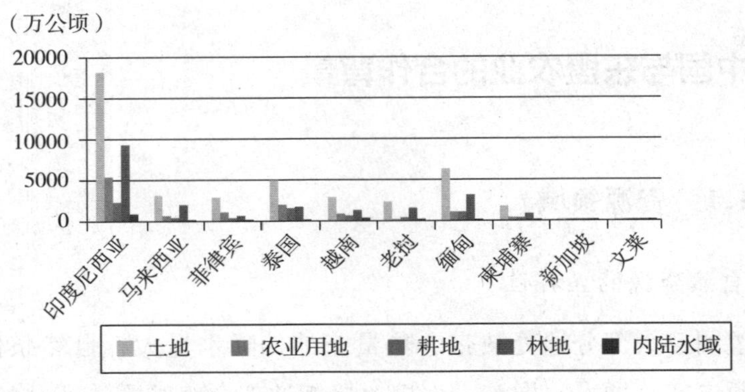

图 2-1　东盟国家土地面积及构成

水资源：东盟地区河流密布，水域面积广阔，雨量充沛，年均降雨量在 1000~3000 毫米，部分地区达到 5000 毫米。除新加坡外，人均水资源丰富，其中老挝人均水资源近 6 万立方米。但降雨量季节分布不均，雨季、旱季分明，旱季用水量紧张。

温光资源：中国地域辽阔，气候多样化，有寒温带到热带的复杂气候，从南到北，有热带、亚热带、温带、暖温带和寒温带 5 个温度带，而东盟国家都处于热带，温光资源丰富，因此适宜生长的优势农产品差异巨大。

2. 粮食产需的互补性

人多地少的现实决定了中国在粮食进口上的长期依赖性，中国对水稻、玉米等大宗粮食的进口需求量逐年增加，东盟地区生产能力和潜力巨大，中国与东盟双方在粮食产需方面具有较强的互补性。见表 2-1，中国稻米进口市场高度集中于东盟国家，特别是泰国和越南。泰国历来是中国最重要的稻米进口来源国。1992—2009 年，泰国在中国稻米进口市场中所占份额有 3 年高达 99%以上。然而，近年来由于泰铢的大幅度升值以及生产资料成本快速上升，导致泰国稻米生产成本和出口价格迅速提高，泰国大米出口受到严重影响。与泰国相反，越南大米价格日益走低，而且稻米产量和质量不断提高。截至 2012 年，越南在中国大米进口中所占的份额也迅速由 15. 32%提高至 65. 90%，首次超越泰国成为中国最大的稻米进口来源国。[①] 2015 年，越南大米出口量和生产量均排在世界第一位；泰国稻谷产量、出口量排在世界第二位。2015 年中国稻谷和大米进口前三大市场分别为越南、泰国和巴基斯坦，分别为 179. 4 万吨、95. 7 万吨、44. 3 万吨。此外，老挝、缅甸、柬埔寨也具有发展粮食生产的良好条件，目前已成为中国农业投资的重要选择。

表 2-1　1992—2012 年中国稻米进口市场结构　　单位:%

年份	泰国	越南	朝鲜	巴基斯坦	缅甸	美国	老挝	东盟	合计
1992	92. 51	0. 97	4. 75	0. 00	0. 75	0. 05	0. 04	94. 27	99. 07
1995	71. 07	26. 54	0. 00	0. 00	0. 21	0. 03	0. 03	97. 85	97. 88
1998	99. 45	0. 01	0. 00	0. 00	0. 00	0. 22	0. 12	99. 58	99. 80
2001	99. 76	0. 00	0. 00	0. 00	0. 00	0. 06	0. 09	99. 85	99. 91
2003	99. 71	0. 05	0. 00	0. 00	0. 00	0. 00	0. 08	99. 84	99. 84
2005	91. 74	8. 08	0. 00	0. 02	0. 09	0. 01	0. 06	99. 97	100. 00
2007	93. 10	5. 79	0. 00	0. 06	0. 06	0. 02	0. 93	99. 88	99. 96
2009	93. 88	0. 86	0. 00	0. 11	0. 08	0. 00	5. 05	99. 87	99. 98
2010	81. 68	15. 32	0. 01	0. 12	0. 67	0. 12	1. 87	99. 55	99. 79
2011	56. 30	40. 42	0. 00	1. 50	0. 23	0. 00	1. 29	98. 24	99. 74
2012	7. 48	65. 90	0. 00	24. 72	0. 26	0. 00	0. 96	74. 6	99. 32

资料来源：UNCOMTRADE。

① 林大燕. 中国主要粮食品种比较优势及进口市场结构研究［J］. 世界经济研究，2015（2）：116.

在小麦方面，尽管中国小麦在世界上没有显示性比较优势，但与东盟各国相比，还是有比较优势的产品。东盟国家是中国小麦出口的主要市场之一，2015 年中国小麦出口 5296.3 万吨，从中国进口小麦的国家主要是马来西亚和美国，其中，马来西亚进口数量为 2319.5 万吨，占比 43.79%。因此，可根据需要增加对东盟国家粮食产业投资。

3. 经济作物的互补性

由于温光资源丰富，东盟国家在热带经济作物方面的优势突出，最典型的是棕榈油和橡胶，而中国一直是进口大国。2001 年中国已经成为世界上第一大天然橡胶消费国，2015 年中国进口橡胶达 273.5 万吨，金额超过 39 亿美元，橡胶出口国排名前三名的分别是泰国、马来西亚和印度尼西亚，出口量分别为 180.5 万吨、34.5 万吨、28 万吨。在食用油料、油脂方面，目前中国油脂的自给率为 60%~70%，有 1/3 要从国外进口。其中，棕榈油是三大植物油中唯一不能由中国国内大量粗棕油生产的，每年都要从国外进口。2015 年中国进口棕榈油为 431.2 万吨，贸易额为 27.7 亿美元，主要是从马来西亚和印度尼西亚进口，今后东盟仍是中国主要的粗棕油、棕榈油供应地区。①

中国是水果和蔬菜生产大国。自 1999 年起，中国水果产量始终位居世界第一，蔬菜产量也是连续 12 年位居世界之冠。美国农业部发表的一份关于落叶果树水果的报告显示，2015—2016 年产季，全球苹果产量达到 7690 万吨，其中，中国产量将达到 4300 万吨。与苹果的情况类似，中国梨的产量与出口量均呈现上涨趋势。2016 年全球梨的产量比上年增加 81.4 万吨，达到 2520 万吨，其中约 75%的产量来自中国。此外，中国的葡萄产量也十分突出。2016 年全球鲜食葡萄产量达到 2100 万吨，其中中国葡萄的产量达到 960 万吨，而中国针对泰国以及越南等国家的出口量也至少增加 76%。② 东南亚国家则在热带果蔬方面

① 商务部统计数据。

② http：//news.ifeng.com/a/20160622/49213520_0.shtml。

具有较强的优势。泰国、越南和菲律宾是中国热带水果主要进口来源国。2015 年，中国从泰国和越南进口鲜柑水果和坚果，分别占该类水果进口量的 14.8%和 31.4%。同时，在蔬菜方面，泰国等东盟国家需要从中国进口大量的胡萝卜、辣椒、大蒜等温带蔬菜。因此，中国和东盟地区在热带作物和果蔬等经济作物领域具有很强的产需互补性，合作潜力巨大。

4. “蓝色粮仓”产业的互补性

“蓝色粮仓”是以优质蛋白高效供给和拓展粮食安全的战略空间为目标，利用海洋和内陆水域环境和资源，通过创新驱动产业转型升级，培育农业发展新动能，基于生态优先、陆海统筹、三产融合构建具有国际竞争力的新型渔业生产体系。由于地域优势，东盟的大部分国家都有丰富的海洋资源，具有发展“蓝色粮仓”的天然优势。其中，印度尼西亚、菲律宾、泰国和越南的鱼类资源相对丰富，种类较多，产量较高。印度尼西亚的金枪鱼产量位居亚洲第一，在世界上也居前列。泰国每年出口冻虾 30 万~45 万吨，是全球出口虾大国，出口量约占世界销量的 35%。[①] 中国是世界产鱼大国，并且在水产养殖技术以及水产品种苗培育、水产品加工方面，相对于多数东盟国家来说具有比较优势，中国与东盟在海洋渔业捕捞、海产品加工等“蓝色粮仓”产业领域合作潜力巨大。

5. 农业劳动力资源的互补性

从农业劳动力资源情况看，东盟内部各个国家之间存在较大的差距。新加坡和文莱从事农业的人口非常少，并且农业劳动力的素质较高。马来西亚从事农业的劳动力也较少，由于农业的比较效益下降，大量的农村人口进入城市和工业，造成了一定程度的农业劳动力短缺。2014 年，马来西亚农业就业人口占总就业人口的比例仅为 18.7%。缅

① 商务部统计数据，http://www.mofcom.gov.cn/aarticle/i/jyjl/j/201202/20120207962721.html.

甸、柬埔寨、老挝等其他东盟国家以农业为主，农业劳动力丰富，但素质相对较低。2014 年，缅甸农业就业人口为 1890 多万人，约占全国就业人口总数的 70%；柬埔寨的农业就业人口占总人口的比例则高达 80%；越南相对较少，但也占 55%。由于城镇化工业化发展，中国农业劳动力数量下降很快，但农业劳动力素质比较高，农业技术应用能力强。中国与东盟农业劳动力在结构、数量、技术等方面存在一定的互补性。

2.1.2 经济领域

1. 经济发展水平的差异性

东盟各国在经济发展程度和经济规模等方面差别迥异，按照国内生产总值、总人口等反映经济规模的要素来考虑，东盟国家的经济发展水平可分为三个层次：第一层次为新加坡和文莱。这两个国家的国土面积和人口很少（两国人口占东南亚总人口的 1.4%，国土面积则仅占 0.14%），但经济发展水平位居世界前列。新加坡和文莱作为东盟中最为富裕的国家，其人均 GDP 一直和西方发达国家十分接近，2014 年分别达到 59423 美元和 36583 美元。第二层次为马来西亚和泰国。2014 年，马来西亚和泰国的人均国内生产总值分别为 11062 美元、5550 美元，处于世界经济发展的中等偏上水平。第三层次为印度尼西亚、菲律宾、越南、老挝、柬埔寨和缅甸。这六个国家 2014 年的人均国内生产总值分别为 3531.5 美元、2849 美元、2063 美元、1692 美元、1122 美元和 1269 美元，[①] 处于世界经济发展的中等偏下水平。其中，印度尼西亚和菲律宾经济发展水平相近，整体上高于其他四国的经济发展水平。从表 2-2 可以看到，中国的整体经济发展水平落后于新加坡、文莱和马来西亚，但又比其他国家领先许多。同时，中国内部的经济发展水平

① 根据 IMF（国际货币基金组织）数据库数据整理。

可以分为东部、中部和西部三个层次，并且各层次之间存在着明显差距。这种经济发展水平层次上的差异性和相互交错，构成了较强的互补格局，从而使中国与东盟国家从整体到局部都可以找到相互开展经济技术合作的发展空间，可以较好地发挥各自的比较优势，实现协同发展。这种差异性、互补性能够在一定程度上巩固并维护双方合作发展的长期性和稳定性。

表 2-2　2014 年中国与东盟各国国内生产总值和人口情况

国家	国内生产总值（亿美元）	人均国内生产总值（美元）	人口（万人）
中国	105108	7485	136782
文莱	173.46	42363	41.78①
柬埔寨	162.7	1122	1518
印度尼西亚	10542.7	3531.5	25216
马来西亚	3356	11062	3026
新加坡	3078.6	51000	547
老挝	113.77	1692	677.1
缅甸	653	1269	5141.9
泰国	3805	5550	6700
菲律宾	2845.82	2849	10000
越南	1840	2063	9073

注：①为 2013 年数据。
资料来源：2015 年中国—东盟统计年鉴。

2. 产业结构的互补性

21 世纪以来，中国产业结构持续优化。就增长速度来说，第一产业增长相对缓慢，第二产业增长快速，第三产业则突破以商贸、餐饮为主的单一发展格局，加速了金融、保险、研发、咨询等行业的发展；就就业比重来说，第一产业就业比重明显下降，第二产业就业比重增长缓慢，第三产业的就业比重增长速度高于第二产业的增长速度。从结构上看，中国既有劳动密集型与资源密集型为主的低层次产业，又有技术密集型和资金密集型的高科技产业。在东盟国家中，越南、柬埔寨、老挝、缅甸基本上是以农业为主，劳动密集型、原材料加工型产业所占比重较大；泰国、马来西亚、印度尼西亚、菲律宾的主要优势在于椰子、橡胶、木材加工，以及矿产开采与冶炼为主的传统劳动密集型与资源密集型产业；新加坡的产业层次更高，主要以技术与资金密集型产业为主。很显然，中国与东盟国家之间的产业优势差异较大，合作潜力和合作价值大，还能促进各国产业之间的协同发展与结构优化。

3. 农业生产技术的互补性

从农业生产技术来看，东盟国家内部存在较大差异。新加坡的农业高新技术非常发达，马来西亚和泰国的农业技术相对发达，越南、菲律宾和印度尼西亚的农业科学技术进步较快，而其他国家如柬埔寨、老挝、缅甸等的农业科学技术则较为落后。中国和东盟都非常重视农业科学技术，取得了较大的进步，总体而言，中国的农业科学技术水平普遍高一些。中国农业技术在种植、养殖、良种繁育、农业生物开发、农业病虫害综合防治、农机具生产加工、畜牧业检测防疫、农业科技培训推广、饲料、化肥、农药生产等方面具有较强的优势，如杂交水稻和玉米种子为东盟国家农业生产发挥了重要作用。中国和东盟国家都以小规模农业生产为主，大多采用劳动密集型技术，中国多年来在劳动密集型生产方面所积累的经验和技术，可以向东盟国家进行梯度转移。

2.1.3 社会领域

1. 农业发展相互需求

目前，中国耕地和水资源短缺的问题日益严峻，以耕地和水资源为代表的境外农业自然资源已经成为中国农业资源供给的重要组成部分。2009 年底，中国耕地面积已不足 1.22 亿公顷，人均耕地面积仅约 0.091 公顷，为世界平均水平的 40%左右。其中，河南等部分省市已经低于联合国粮农组织确定的 0.053 公顷的警戒线。中国每年农业生产缺水200多亿立方米，且水资源分布极不均衡，水土资源很不匹配。[①] 中国与东盟各国地缘接近，中国在育种技术、作物生产管理、资金等方面具有比较优势，而东盟地区土地资源丰富、气候条件好、生产成本较低、土地开发程度不高。中国农业发展亟须拓展生产和销售区域，利用全球资源化解内部困境，而东盟地区对中国农业技术有强烈的需求。因此，中国与东盟各国在资源、技术等领域的差异化和互补性为双边、多边农业合作提供了巨大的发展空间。

此外，中国是个人口大国，人多地少的现实决定了粮食在一定程度上需要依赖进口。随着人口的不断增加，城市化进程的日益加快和退耕还林、还草等改善生态举措的实施，中国农业用地不足的矛盾将会变得越来越突出，而未来中国的粮食需求还会大幅度提高。东盟地区是全世界最主要的稻米产区之一。国际谷物协会统计显示，泰国、越南、老挝、柬埔寨和缅甸是东盟五个最大的大米生产国，每年出口大米总计超2000万吨，占据全球2/3的市场份额。根据李兆伟（2013）对世界主要农产品区域生产比较优势分析，东南亚国家稻谷区位熵（LQ指数）较高，世界排名前五位的依次为孟加拉国、缅甸、越南、泰国、印度尼西亚。显然，东盟可以成为中国今后粮食进口的一个重要来源地，而这些东盟国家则可以由此获得稳定的外汇收入，可谓互惠互利。

2. 农业互联互通进程加快

2013年10月3日，中国国家主席习近平在出访印度尼西亚期间，提出共建“21世纪海上丝绸之路”的重大倡议，“中国致力于加强与东盟国家互联互通建设，愿意支持本地区包括东盟各国开展基础设施互联互通建设，中国愿意通过扩大同东盟国家各领域务实合作，同东盟国家

① 邹文涛，吴乐，刘玲．中国利用境外农业资源问题研究［J］．世界农业，2012（7）：101-104.

共同建设‘21 世纪海上丝绸之路’，实现共同发展，共同繁荣”。[①]“一带一路”倡议在于实现以基础设施为核心的“五通”，即政策沟通、道路联通、贸易畅通、货币流通和民心相通。[②] 中国—东盟农业互联互通是双方共建“21 世纪海上丝绸之路”的重要内容，中国与东盟以农产品运输通道为纽带，以贸易、投资、技术、政策和人员互通为合作目标，以平等协商、循序渐进为合作方式，以丝路基金为融资渠道，共建区域农业互联互通合作平台，促进贸易投资便利化，共同打造中国—东盟农业发展命运共同体。中国积极参与东盟一体化建设，注重与东盟互联互通战略相对接，将使中国农业企业赴东盟投资更加便利，不但可以享受到区内的农产品关税优惠政策，还可以规避发达国家专门针对中国农产品设置的贸易壁垒所带来的出口风险，从而扩大对国际市场的农产品出口。这些必将促进中国农业企业对外投资增长，以及与东盟农业合作的进一步发展。

3. 地理邻近和文化融合

中国与东盟各国地理距离比较近，不仅海域相连，而且中国西南地区与东盟部分国家陆地毗邻。如云南通过澜沧江—湄公河与缅甸、老挝、泰国、柬埔寨和越南相连，而且与新加坡、马来西亚等国也比较近，这样可以大大降低运输成本，提高投资利润。广西已建成出海、出边大通道，形成了与东盟国家的立体交通网络。2015 年，中老铁路和中泰铁路开工，未来的交通运输将更加便利。地理位置的邻近，逐渐完善和便利的交通，使得中国与东盟进行农业合作具有天然的优势。

东南亚地区是海外华人、华侨最为集中的地区，根据 2013 年中国贸促会发布的报告显示，世界各地有 3000 万华人华侨，其中有 2452 万

---

① 习近平：“中国愿同东盟国家共建‘21 世纪海上丝绸之路’”，新华网，2013 年 10 月 3 日，http://news.xinhuanet.com/world/2013-10/03/c_125482056.htm.

② “习近平倡议共建‘丝绸之路经济带’”，新华网，2013 年 9 月 8 日，http://news.xinhuanet.com/mrdx/2013-09/08/c_132701675.htm.

人在东盟国家，占比70%。中国和东盟国家血缘相亲、人文相通，在民心相通、文化融合方面具有天然的优势。近年来，双方人文交流不断深化。每周有千余架次航班穿行于中国与东盟国家之间，双方人员往来2016年超过2300万人次，互派留学生规模达到19万人。东盟国家庞大的华人群体在生活习惯、语言、教育、传统以及消费习惯方面与中国有着广泛的共同点，这将有利于农产品的贸易和投资。民心相通、文化相通和消费习惯相同为中国企业实施对东盟农业投资提供了便利条件和独特优势，中国企业不仅可以更好、更快地融入当地市场，而且可以大大降低交易成本和投资风险。

随着中国与东盟友好合作全面深入发展，中国与东盟之间已成为联系最广泛、成果最丰富、交往最密切的对话伙伴，政治互信度越来越高，文化交流逐渐加强，使得中国与东盟在经济往来中具有更大的便利，中国与东盟的农业合作具有广泛的发展空间。

2.2　东盟农业投资的现状、特点与问题

2.2.1　中国对东盟农业投资的现状

历年中国对外直接投资统计公报显示，2008—2013年，中国农业海外直接投资流量规模持续攀升，2013年达18.1亿美元，年均增速高达60.15%，远超同期中国对外直接投资（ODI）10.03%的增速，其行业占比由2007年的0.31%上升至2013年的1.68%，其中农业、林业与渔业分别占28.6%、26.7%与14.3%。同期存量也不断创下新高，由2008年的14.68亿美元增至2013年的71.8亿美元，年均增速达37.37%，ODI占比由2008年的0.80%上升至2013年的1.09%，其中农业、林业、畜牧业、渔业与农林牧渔服务业分别占38.1%、3%、0.7%、3.3%与54.9%。

按洲际划分，中国农业 ODI 近七成流向欧洲与亚洲，其中对东盟投资超过二成，集中于印度尼西亚（33.05%）、老挝（16.05%）、泰国（15.11%）。显然，东盟已经成为中国农业对外经济板块中至关重要的一部分（见表 2-3）。

表 2-3　2010—2013 年中国农业 ODI 主要流向国家和地区分布　单位：%

国家（地区）	流量占比				存量占比			
	2010 年	2011 年	2012 年	2013 年	2010 年	2011 年	2012 年	2013 年
东盟	31.54	23.91	20.51	30.00	20.23	20.76	20.08	22.24
俄罗斯	33.83	18.49	16.10	22.12	28.63	25.87	25.79	23.43
中国香港	—	6.18	5.93	14.35	—	5.79	4.84	7.71
澳大利亚	0.60	2.45	8.92	4.20	0.86	1.38	3.49	3.94
美国	0.37	1.71	1.51	1.21	1.20	1.40	1.37	1.15
欧盟	3.56	18.68	0.79	-6.83	7.95	10.46	7.32	3.31
加总	69.91	71.42	53.76	65.05	58.87	65.66	62.90	61.79

资料来源：2010—2013 年中国对外投资直接统计公报。

2014 年，中国完成对东盟农林牧渔业投资近 8.95 亿美元，占中国对外农业投资总额的 49.8%。其中，种植业 5.45 亿美元，占比 60.8%；农林牧渔服务业 2.4 亿美元，占比 26.8%；渔业 6103.67 万美元，占比 6.8%；农副产品加工业 2802 万美元，占比 3.1%；林业 1683.15 万美元，占比 1.9%；畜牧业 557 万美元，占比 0.6%（如图 2-2 所示）。在农业对外投资的国别（地区）排名中，东盟地区排名第一位，当年农林牧渔业投资主要分布在印度尼西亚和柬埔寨。其中，印度尼西亚投资流量 4.14 亿美元，占比 46.2%；柬埔寨 2.82 亿美元，占比 31.5%。

截至 2014 年底，中国对东盟的投资存量中农林牧渔业投资存量为 23 亿美元，占中国对外农业投资总额的 39.9%。其中，种植业 13.5 亿美元，占 58.7%；农林牧渔服务业 4.58 亿美元，占 19.9%；林业 3.12 亿美元，占 13.5%；渔业 1.11 亿美元，占 4.8%；农副产品加工业 5995 万美元，占 2.6%；畜牧业 1182 万美元，占比 0.5%（如图 2-3 所示）。

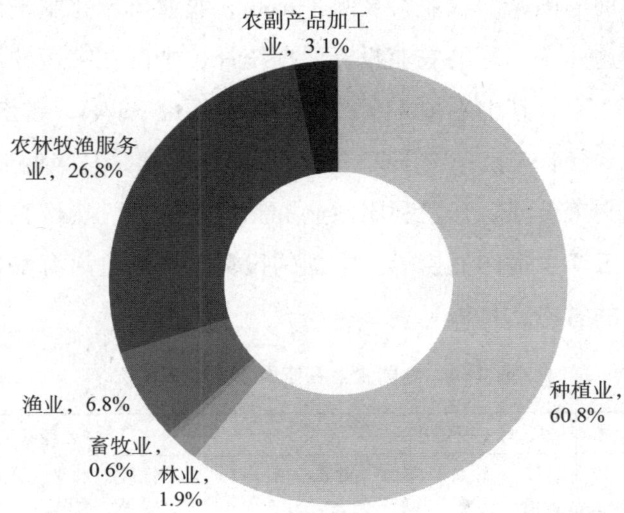

图 2-2　2014 年中国对东盟国家农业投资流量产业分布

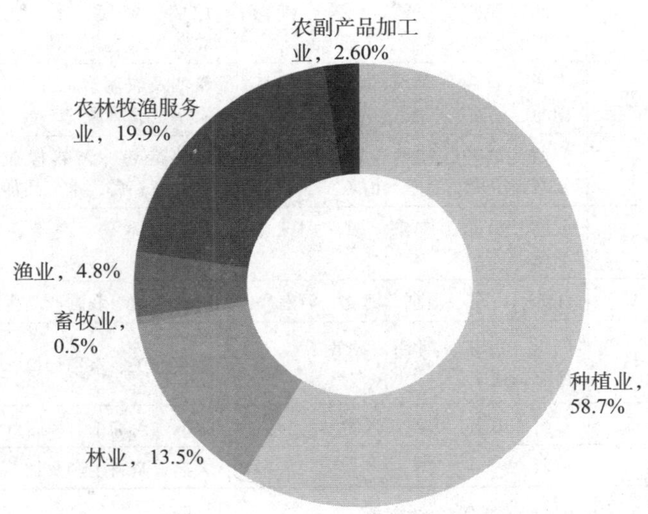

图 2-3　中国对东盟国家农业投资存量产业分布

中国对东盟农业投资重点集中在农资产品生产、农产品加工、农业种植等方面，主要分布在老挝、印度尼西亚、越南、柬埔寨、缅甸、泰国、菲律宾等国家。由于这些国家大多数为农业国家，且老挝、越南、柬埔寨、缅甸等国家的农业科技水平不高，农业机械化水平低，有利于中国加大对这几个国家的农业投资。据统计，中国在东盟的境外农业投资企业为297家，其中老挝119家，印度尼西亚33家，越南29家，柬埔寨29家，缅甸34家，泰国25家，菲律宾11家，马来西亚11家，新加坡5家，文莱1家。开发利用农业资源的重点是天然橡胶、木薯、棕榈、水稻、玉米、远洋捕捞等。中国的投资主要来自沿海发达地区和邻近东盟国家的省份，具体见表2-4。

表2-4　中国企业在东盟农业投资情况

国家	企业数	主要省份	主要经营范围
老挝	119	北京、海南、广西、重庆、四川、云南、安徽、山东、湖北、湖南	天然橡胶、木薯、烟草、蔬菜、花卉、水果、水稻、玉米、畜牧养殖
缅甸	34	云南、广西、四川、浙江、山东	甘蔗、木薯、天然橡胶、蔬菜、水果
印度尼西亚	33	广西、四川、福建、山东、湖南、广东、天津、辽宁、江苏	棕榈、木薯、水稻培育、渔业、养殖
柬埔寨	29	广西、云南、四川、山东、浙江、湖北、湖南、广东	粮油及农副产品生产加工、木薯、魔芋、天然橡胶
越南	29	广西、福建、江西、重庆、四川、云南、宁夏、海南、山东	木薯淀粉、天然橡胶、水稻、玉米、畜、禽、水产品加工
泰国	25	云南、山东、广东、湖南、江苏、上海	粮食、木薯、蔬菜、花卉、天然橡胶
马来西亚	11	江苏、广东、山东、河北、河南	天然橡胶、农副产品生产及加工
菲律宾	11	四川、山东、河南、湖南、广东、河北、辽宁	蔬菜加工、水稻种植、远洋捕捞
新加坡	5	海南、山东、山西、天津	棕榈生产加工、果蔬汁生产加工
文莱	1	陕西	天然香辛料生产及加工

资料来源：中国驻老挝使馆经商处。

截至2014年底，中国对东盟地区投资存量排名前三位的国家分别是印度尼西亚（6.42亿美元）、柬埔寨（4.13亿美元）和新加坡（3.22亿美元），企业数量排名前三位的分别是老挝（119家）、缅甸（34家）和印度尼西亚（33家）（见表2-5）。

表 2-5　中国对东盟农业投资的主要国家　　单位：个，万美元

国家	企业数	国家	流量	国家	存量
老挝	119	印度尼西亚	41411. 59	印度尼西亚	64206. 15
缅甸	34	柬埔寨	28222. 4	柬埔寨	41270. 77
印度尼西亚	33	老挝	6333. 24	老挝	32295
柬埔寨	29	缅甸	3674. 43	缅甸	28290. 05
越南	29				

截至 2014 年底，中国境内企业在东盟雇用当地员工 53176 人，年平均工资 5931. 4 美元。中国境内企业指导东盟地区农民开展农业生产 114941 人次，为当地缴纳税金 2961. 03 万美元。①

从中国农业对东盟投资的领域分布来看，已扩展至种植业、畜牧业、水产养殖业、农产品加工、动物疫病防治、农村能源与生态等诸多领域，而尤其以农作物种植业为主。从中国在东盟国家的种植作物分布来看，主要为热带经济作物，具体有：（1）天然橡胶。主要分布在马来西亚、老挝、缅甸等国家，国内投资者主要为海南省农垦公司、广东省农垦公司、云南省农垦公司等。（2）棕榈。主要分布在印度尼西亚，国内投资者主要为天津聚龙集团、中海油、中兴集团等企业。（3）木薯。主要分布在老挝、菲律宾、越南、柬埔寨、印度尼西亚等国家，国内投资者主要为中兴集团、广西农垦集团等企业。（4）水稻和玉米。主要分布在老挝、菲律宾等国家，国内投资者主要为吉林富华股份有限公司和北大荒集团及私人投资者等。（5）甘蔗。主要分布在菲律宾，国内投资者主要为广西农垦集团等企业。（6）剑麻。主要分布在缅甸，国内投资者主要为广西农垦集团。此外，中国还开展了对东盟国家的水产养殖、水果蔬菜等种植项目。

① 中国经济统计年鉴。

2.2.2 中国对东盟农业投资的主要特点

其一，对东盟投资规模在中国对外投资区域分布中占有较大比重。当前，中国对世界主要经济体的农业直接投资中，对俄罗斯的投资规模最大，2011 年、2012 年中国对俄罗斯农业直接投资存量分别为 88394 万美元和 128052 万美元，占中国农业对外直接投资总额比重分别为 25.87%和 25.79%。其次为东盟，2011 年、2012 年中国对东盟农业直接投资存量分别为 70936 万美元和 99667 万美元，占中国农业对外直接投资总额比重分别为 20.76%和 20.08%。再次为欧盟，同期中国对欧盟农业投资比重分别为 10.46%和 7.23%。而中国对美国与澳大利亚农业投资比重很小，目前这一比重仅为 1%和 3%左右。因此，东盟在中国农业对外直接投资国别分布中具有重要地位，且重要性在不断上升。

其二，中国对东盟农业直接投资规模不大。尽管东盟在中国农业对外直接投资区域分布中占有较大比重，但从对外直接投资行业的分布情况看，中国对东盟农业直接投资规模远远落后于其他行业。2012 年，中国对东盟直接投资比重最高的行业是电力、燃气及水的生产和供应业，投资存量比重为 18.1%；其次为采矿业、批发和零售业、租赁和商务服务业、制造业、金融业等，投资存量比重在 10%~14.3%；而对东盟农业直接投资存量比重仅为 3.5%，排在第九位。这说明中国提高对东盟农业直接投资规模还有较大的发展空间。

其三，中国对东盟农业直接投资领域多样，但投资方式较单一，层次不高。当前中国对东盟农业直接投资已扩展至种植业、畜牧业、水产养殖业、农产品加工、动物疫病防治、农村能源与生态等诸多领域，投资方式以政府间、半合作半市场化的开发方式为主，主要采取租赁土地种植、购买捕捞许可证、建立生产和加工基地、进行农业资源开发、农业技术交流与合作等方式，这些方式多以资源开发、初级产品加工及合作经营为主。而跨国并购并开展跨国生产、深加工、运输、销售等产业链延伸的投资方式较少，产业化经营程度不高，投资方式仍处于较低水平。

其四，农业投资项目零散，关联程度低。中国农业企业“走出去”存在一些明显不足。首先，农业投资规模较小，而且比较分散，一般农业投资项目不过几千万元。同时，投资分散在多个投资主体和农业项目中。其次，项目区域日趋广泛。例如，中国数万渔民在东盟作业区，包括马来西亚、缅甸、印度尼西亚等周边（公海）作业区，广东农垦集团在泰国等地收购并扩建天然橡胶厂。再次，项目投资较为分散，涉及粮食种植、经济作物种植、动植物保护、设施农业、农业机械、农村能源、远洋捕捞等。同时，中国对东盟的农业投资尚未与工业投资、港口和公路等设施建设形成有机、密切的关联。

2.2.3 中国对东盟农业投资面临的主要问题

1. 东盟自身的问题

(1) 民族矛盾凸显

东盟国家的综合政治经济状况相对比较稳定，但仍然存在不稳定因素，如恐怖主义、民族分裂主义和宗教冲突等。2015 年爆发的缅北果敢地区冲突，造成数以万计的百姓颠沛流离，无家可归；菲律宾南部地区的阿布沙耶夫等分离主义组织的反政府武装斗争已持续多年；近年来泰国南部地区持续发生多起爆炸、袭击事件，更是严重破坏了泰国普通居民的正常生活。上述事件均夹杂着民族不和的因素，民族冲突使这些国家的经济发展环境受到了严重影响，给该区域的农业投资带来了许多不稳定因素。

(2) 政策缺乏连续性

东盟部分国家政党之间互相倾轧和猜疑、对民主化的诉求以及军人干政等问题，导致了部分国家政局不稳，政权更迭频繁，国家政策缺乏稳定性和连贯性。如在阿罗约执政菲律宾时期，北大荒（菲律宾）农业投资股份有限公司开展农业试验示范等项目建设十分顺利，后来由于政权更替，北大荒集团在菲律宾境内扩大生产经营规划受到较大影响，目前发展一直较为缓慢。政策上的不确定将给东盟农业投资项目招致“搁浅”的风险。此外，东盟部分国家不完善的商业环境和普遍的腐败问题也阻碍其经济发展和稳定，导致农业投资风险加大。

（3）基础设施薄弱

受历史、地理等因素的影响，东盟各国的经济发展水平不同，经济结构也存在很大差异，其中老挝、缅甸、越南、柬埔寨的投资环境与其他六个国家相比相对落后。这些国家的水、电、交通、通信等基础设施薄弱，限制了农业投资项目的实施。同时，农产品物流基础设施不完善，农产品批发市场、农产品仓储、冷链物流、运输工具等相关设施大多较为落后，主要运输均存在通道供给单一、节点衔接性差等问题，公路、铁路、水（海）路等各种运输方式缺乏有效衔接，导致不少农产品效益大打折扣。

（4）金融体系相对落后

东盟部分国家金融体系相对落后，外汇支付能力差，不能为中国企业的投资提供相应的服务，给中国企业在这些国家的投资带来了一定的风险。同时，东盟农业投资涉及不同国家的货币，在使用及兑换时不可避免地存在着外汇风险。企业投资东盟农业取得收益或遭受损失的多少，除了东道国的市场与竞争等因素，货币与汇率的变化也常有较大的影响。

2. 中国国内的问题

（1）企业融资难、成本高

目前，民营中小企业是开拓东盟市场的主力军，但普遍都遇到资金短缺、投资项目贷款困难等问题。企业开拓国际市场时，往往需要较多的前期市场开发费用，但我国现阶段农业“走出去”的补贴项目并不多，而且补贴金额也不大。企业在境外基础设施建设投入基本没有补贴，国内的惠农政策延伸不到境外农业合作开发项目。同时，国内金融机构对农业“走出去”企业贷款条件要求高、期限短，利息还往往高于国外融资成本，这在一定程度上成为制约企业投资东盟农业的瓶颈。

（2）农业投资集群效应缺失

中国赴东盟农业投资企业单打独斗较多，尚未形成集群优势。当前，中国赴东盟农业投资的企业数量较多，但基本持单打独斗的态度，协同或者抱团集群式“走出去”的情况十分少见。这一方面说明，目前中国农业“走出去”的企业实力较弱，绝大多数从事种植和初级农产品加工，实现境外产业链有效整合的能力不够。另一方面也说明，中国与东盟农业投资合作的层次有待提高，“走出去”企业对产业链和价值链的重组和优化还不够，容易造成在投资国的无序竞争，同时也难以形成合力深化合作。此外，中国对东盟的农业投资需要与工业投资、港口和公路等设施建设形成有机、密切的关联。

（3）企业国际竞争力有待加强

目前，我国投资东盟农业的企业自身存在着诸多不足。一是复合型国际人才缺乏。企业“走出去”涉及国际经济、金融、法律和语言等领域，需要一支具有全球视野和国际化战略思维、熟悉国际投资规则、精通跨国投资经营管理和国际市场开拓、外语熟练的复合型人才队伍，而现阶段中国绝大多数农业企业尚不具备。二是“走出去”的层次较低。农业对外直接投资项目主要集中在附加值不高、技术含量较低的劳动密集型行业和传统的生产环节，甚至很多企业“走出去”的目的就是单纯种地。三是风险意识不足。目前，中国对外投资企业不太重视海外市场风险。有关调研结果表明：不少企业对外投资项目实施前缺乏严格有效的可行性分析报告，不仅对海外投资风险估计不足，而且一旦出现风险也没有应对预案。

（4）政府服务体系有待完善

现阶段，中国政府提供的农业“走出去”服务措施与企业的需求有一定差距。一是缺少有效的信息服务。政府的海外农业投资信息发布、基础数据资料统计等公共服务缺失，难以为企业提供便捷的国际投资信息。驻外使馆中大多没有设置农业处，农业外交官人数少，难以为企业提供东道国的资源禀赋、法律法规、市场运行、产业政策等国情信息。政府对相关协会等非政府组织缺乏支持引导，海外投资协会、学会等服务型中介组织数量少、力量弱，难以为海外企业提供专业化服务。二是部分管理制度难以适应企业“走出去”的要求。如对国企领导出境手续、时间、次数有严格限制，导致难以深入了解东道国情况和开展投资谈判，容易造成投资失误；海外农业基地所需的种子、农药、化肥、农机等物资和设备出关手续烦琐。三是投资项目审批程序仍较复杂。“走出去”投资项目管理权限分布在多个行政部门，多头管理、沟通不畅等问题导致了项目审批程序繁多、耗时较长，易延误商机。

第3章

东盟农业投资政策分析

3.1 外商投资准入制度

一般情况下，每个国家都会根据国际协定，结合本国的利益和实际情况，做出关于外商投资准入的具体规定，即明确宣布列为鼓励、允许、限制、禁止的领域或项目等。以下是东盟各国在农业领域对外商投资准入的相关规定。

3.1.1 泰国

目前泰国鼓励投资的行业部门分为九大类：农业及农产品加工业，矿业、陶瓷及基础金属工业，轻工业，金属产品，机械设备和运输设备制造业，电子与电器工业，化工产品，造纸及塑胶，服务业及公用事业。每个大类下还细分为许多小类，对一些重点鼓励投资的行业都规定了特别的优惠条件，其中农产品加工业属于特别重视的项目。但是，泰国并不是什么经济行业都放开。根据《外商经营企业法》，投资范围的限制分为三类情况。第一类为因特殊理由禁止外国人投资的业务，包括：①报业、广播电台、电视台；②水稻种植、旱地种植、果园种植、牧业、林业、原木加工；③在泰国领海、经济特区的捕鱼；④泰药材炮制；⑤涉及泰国古董或具有历史价值之文物的经营和拍卖；⑥佛像、钵盂制作或铸造；⑦土地交易等。第二类为涉及国家安全稳定或会对艺术文化、风俗习惯、民间手工业、自然资源、生态环境造成不良影响的投资业务。必须经商业部长根据内阁的决定批准后外国投资者方可从事的行业，包括蔗糖生产，海盐、矿盐生产，采矿业、石头爆破或碎石加工，家具、木材加工等。第三类为本国人对外国人未具竞争能力的投资业务，须经商业部商业注册厅厅长根据外籍人经商营业委员会的决定批准后可以从事的行业，包括：碾米业、米粉和其他植物粉加工，水产养殖业，营造林木的开发与经营，胶合板、饰面板、刨木板、硬木板制造，植物新品种开发和改良等。此外，农业、畜牧业、渔业以及 1999 年颁布的《外籍人经商法》附录第一类行业中的服务行业，泰国籍投资者的持股比例不得低于 21%。

3.1.2 印度尼西亚

印度尼西亚的外商投资政策分为四类情况：具备一定条件，允许外商投资的行业；允许外商与内资合资经营的行业；禁止外商投资的行业；既禁止外商，也禁止内资投资的行业，即只能由政府垄断经营。其中，印度尼西亚政府鼓励外商投资的领域有农畜产品加工业、林业和海洋产品加工业、农林牧渔业的种苗或种子等。根据 2014 年调整的外资政策，印度尼西亚农业领域的外资可持股比例为 30%。同时，印度尼西亚政府规定，农业领域绝对禁止进入的领域是种植和加工大麻及同类产品；只禁止外资进入的领域是微生物原生质培植和森林砍伐特许；满足一定条件才可投资的领域是海洋和渔业领域，对于淡水鱼养殖，外资须和当地小型渔业企业合作并且养殖印度尼西亚渔业部所限定的渔业种类，对于捕捞水底鱼，限于大鱼、群鱼和其他海鱼（马六甲海峡和阿拉弗拉海的专署经济区除外）。

3.1.3 马来西亚

马来西亚对外资开放的范围有制造业、综合农业、饭店和旅游业项目等。马来西亚政府鼓励外国投资进入其出口导向型的生产企业和高科技领域，可享受优惠政策的行业主要包括：农业生产、农产品加工、橡胶制品、石油化工、医药、木材、纸浆制品、有色金属、机械设备及零部件、食品加工、冷链设备、酒店旅游及其他与制造业相关的服务业等。1998 年亚洲金融风暴过后，马来西亚放宽了外资准入的范围，例如，停止以往不鼓励劳动密集型工业的政策，鼓励外商投资于出口导向型的工业，并允许出口导向型的劳动密集型企业增聘外国劳工。在制造业领域，从 2003 年 6 月开始，外商投资者投资新项目可以持有 100%的股权。2009 年 4 月，马来西亚政府为了进一步吸引外资，刺激本国经济发展，开放了 8 个服务业领域的 27 个分支行业，允许外商独资，不设股权限制。

3.1.4　越南

在越南，根据 2006 年 6 月修订的《外资投资法》及其《实施细则》，对外商投资的领域，也做了鼓励、允许、限制、禁止的规定。特别鼓励类项目有：①新材料、新能源的生产，高科技产品的生产，生物技术，信息技术，机械制造，配套工业；②种植、养殖，农林水产品加工，制盐，培育新的植物和畜禽种子；③应用高科技、现代技术，保护生态环境，研究、发展、创造高技术；④使用 5000 人以上的劳动密集型产业；⑤工业区、出口加工区、高新技术区、经济区及由政府总理批准的重要项目的基础设施建设；⑥发展教育、培训、医疗、体育和民族文化事业的项目；⑦其他鼓励的生产和服务项目，25%以上的纯利润用于研究与发展。限制类项目有：对国防、国家安全、社会秩序有影响的项目；财政、金融项目；影响大众健康的项目；自然资源的考察、寻找、勘探、开采及生态环境项目；法律规定的其他项目等。禁止类项目有：对国家安全、国防及公共利益有害的投资项目；对越南历史古迹、文化、淳风美俗有害的投资项目；使用国际条约禁止的毒素的投资项目等。除鼓励、限制、禁止的之外，其余领域均属允许外资进入的行业和产业。

为吸引农业投资，帮助农业摆脱规模小、分散经营的状况，促使农业朝高科技应用和现代化商品生产方向发展，2018 年越南政府颁布了鼓励投资农业领域的第 57 号政府议定，期望该政策撬动新一轮农业投资。新的鼓励投资农业的政策与原有政策相比，解决了投资农业的三个弱点。一是新的主要优惠机制已从资金扶持转变为政策扶持。二是优先直接扶持企业进行农业科学研究、采购转让先进技术直接投入生产；扶持企业发展高科技农业园；扶持企业参与生产—加工—产品销售供应链。三是集中推进行政改革，确保政策公开透明，废除“等、靠、要”旧机制，最大限度地减少对企业的检查审查。根据 57 号政府议定，属于鼓励投资农业农村类的项目将无须办理投资许可手续，该手续将由政府议定中的目录机关办理并提交省级人民政府审批。该议定规定，上述项目投入生产经营前，地方政府机关不得以任何形式对项目进行清查、检查和审计，除非另有法律规定或有明显违法行为。57 号政府议定要求地方政府不得在项目有效期内改变土地使用目的，以避免过去许多农业项目刚摆脱亏损期步入收获阶段时当地政府则改变用地目的或收回土地。

3.1.5 缅甸

缅甸新《外国投资法》明确宣布，外国投资必须本着下述基本原则进行：①弥补国家发展规划不足及因国家及国民财力、技术无力实施的项目；②增加就业机会；③扩大出口；④替代进口物资的制造业；⑤需要大量投资的制造业；⑥获取高技术及发展技术型产业；⑦需要巨额投资的制造业及服务业；⑧低能耗项目；⑨发展地方经济；⑩开发新能源及生物能源项目；⑪发展现代工业；⑫保护环境；⑬有助于信息技术产业；⑭不影响国家主权及人民安全；⑮培养国民知识技能；⑯发展国际水准的银行及金融业；⑰国家及国民需要的现代服务业项目；⑱保障能源及资源的短期和长期内需。值得注意的是，新《外国投资法》中以下几种项目是被限制或禁止的：第六款，投资法细则规定的仅国民从事的制造业和服务业；第八款，细则规定的仅国民从事的农业及种植业项目；第九款，细则规定的仅国民从事的畜牧业项目；第十款，细则规定的仅国民从事的海洋捕鱼项目。

3.1.6　菲律宾

菲律宾政府将所有投资领域分为三类，即优先投资领域、限制投资领域和禁止投资领域。2013年10月，菲律宾投资署发布《2014—2016年投资优先计划实施指南》，将制造业、商务、农业和渔业、服务业、节能、公共基础设施和物流、公私合作项目等领域列入2014—2016年投资优先计划的首选项目。菲律宾政府每两年更新一次限制外资项目清单。部分领域外国人权益不得超过25%，绝大多数领域外国人权益不得超过40%。

3.1.7　老挝

老挝鼓励外国投资的行业有：①出口商品生产；②农林、农林加工和手工业；③加工、使用先进工艺和技术、研究科学和发展、生态环境和生物保护；④人力资源开发、劳动者素质提高、医疗保健；⑤基础设施建设；⑥重要工业用原料及设备生产；⑦旅游及过境服务。外国投资者可以按照“协议联合经营”、与老挝投资者成立“混合企业”和“外国独资企业”3种方式到老挝投资。“协议联合经营”是指老挝投资法人与外方在不成立新法人的基础上联合经营。“混合企业”是指由外国投资者和老挝投资者依照老挝法律成立、注册并共同经营、共同拥有所有权的企业，外国投资者所持股份不得低于注册资金的30%。“外国独资企业”是指由外国投资者独立在老挝成立的企业，形式可以是新法人或者分公司。

老挝政府鼓励外国公司及个人对各行业各领域投资并出台了《老挝鼓励外国投资法》。老挝现行的外国投资法律是2009年颁布的《投资促进法》，2011年4月颁布了《投资促进法实施条例》，对《投资促进法》部分条款做出了进一步规定。2016年11月老挝新修订了《投资促进法》，旨在为投资者扩大特许权范围，最大限度地刺激本国的投资效益。中国、越南、泰国分别为老挝前三大投资国。

3.1.8 柬埔寨

柬埔寨无专门的外商投资法，对外资与内资基本给予同等待遇，其政策主要体现在《投资法》及其《修正法》等相关法律规定中。《投资法》第十二条规定，柬埔寨政府鼓励投资的重点领域包括：创新和高科技产业、创造就业机会、出口导向型、旅游业、农工业及加工业、基础设施及能源、各省及农村发展、环境保护等。《投资法修正法实施细则》（2005年9月27日颁布）列出禁止柬埔寨和外籍实体从事的投资活动，包括：使用国际规则或世界卫生组织禁止使用、影响公众健康及环境的化学物质生产有毒化学品、农药、杀虫剂及其他产品；《森林法》禁止的森林开发业务；法律禁止的其他投资活动。

3.1.9 文莱

根据《投资促进法》，林业为文莱限制投资的行业，不对外资开放。鼓励外商投资的行业主要包括农业、渔业、清真食品认证、化工、制药、建筑材料及金融等。为吸引外来投资，《投资促进法》将部分产业纳入先锋行业，投资享受税收优惠，如肥料和杀虫剂、加工清真食品、农业技术服务，以及从事农业、林业或渔业的出口型生产企业。

3.1.10 新加坡

新加坡对外资准入政策宽松，除国防相关行业及个别特殊行业外，对外资的运作基本没有限制。外资进入新加坡的方式总体上无特殊限制。除金融、保险、证券等特殊领域需向主管部门报备外，绝大多数产业领域对外资的股权比例都无限制性措施。

3.2　投资待遇与优惠

2009 年 8 月，第八次中国—东盟经贸部长会议共同签署了《中国—东盟自由贸易区投资协议》。该协议通过双方相互给予投资者国民待遇、最惠国待遇和投资公平公正待遇，提高投资双方法律法规的透明度，为双方投资者创造一个自由、便利、透明及公平的投资环境，并为双方的投资者提供充分的法律保护，从而进一步促进双方投资便利化和逐步自由化。2014 年以来，中国加大了对“一带一路”建设的推动和投入力度，积极制定规划，与沿线国家协商，提出了许多合作项目和关键的标志性工程，以加快与沿线国家实现“五通”。同时，在资金方面也相应做出了新的安排，新设立 400 亿美元的丝路基金，并专门发起建立亚洲基础设施投资银行。东盟是“21 世纪海上丝绸之路”和“丝绸之路经济带”沿线的关键区域，其对于与中国共建“一带一路”也持开放态度，希望与东盟内部的互联互通计划相结合，东盟 10 个国家也已全部作为创始国加入亚投行。随着国家相关规划的推出和交通、电力、通信等领域基础设施项目的不断落实，中国对东盟的投资合作将迎来新一轮发展机遇。

3.2.1　国民待遇

国民待遇，又称平等待遇，是指所在国应给予外国人以国内公民享有的同等的民事权利地位。国民待遇的适用范围通常包括：国内税、运输、转口过境，船舶在港口的待遇，船舶遇难施救，商标注册，申请发明权、专利权、著作权、民事诉讼权等；不包括领海捕鱼、购买土地、零售贸易等。在国际投资中，国民待遇体现着“内外平等”的精神。但人们对“内外平等”的理解也不尽一致，有认为不得低于本国的，有认为不得高于本国的，也有认为既不能低于、又不能高于本国的。一般认为是在国际投资法中，国民待遇是要求东道国给予外国投资者的投资和与投资有关的活动以不低于或等同于国内投资者的投资和与投资有关的活动的待遇。

《中国—东盟自由贸易区投资协议》第四条规定了对各方互相给予的国民待遇：各方在其境内，应当给予另一方投资者及其投资，在管理、经营、运营、维护、使用、销售、清算或此类投资其他形式的处置方面，不低于其在同等条件下给予其本国投资者及其投资的待遇。其适用范围，包括投资主体、投资类别和投资活动等范围。中国与东盟确定了农业、人力资源开发、相互投资、湄公河流域开发、交通、能源、文化、旅游和公共卫生等十大重点合作领域；在执法、青年交流、非传统安全等20多个领域也开展了广泛合作；中国与东盟签署了农业、信息通信、非传统安全领域、大湄公河次区域信息高速公路、交通、文化6个领域的合作谅解备忘录；双方设立了中国—东盟投资合作基金和中国—东盟卫生合作基金，用于支持中国—东盟相关领域的合作。这些合作都离不开双方投资环境的不断改善以及双方战略合作伙伴意识的不断增强。而对于投资者来说，最大的鼓励莫过于能在异国不受歧视，享受国民待遇。

3.2.2 最惠国待遇

最惠国待遇是国际经济贸易关系中常用的一项制度，是国与国之间根据某些条约规定的条文，在进出口贸易、税收、通航等方面互相给予优惠利益、提供必要的方便、享受某些特权等的一项制度，又称“无歧视待遇”。最惠国待遇是指东道国给予外国投资者的待遇不低于其已经给予或者将要给予第三国投资者的待遇。发达国家之间、发展中国家之间、发达国家与发展中国家之间的双边投资协定，都规定了最惠国待遇条款。

根据2009年8月15日双方签署的《中国—东盟自由贸易区投资协议》，其中第五条对自贸区内外国投资的最惠国待遇问题进行了规定：一是各缔约方在准入、设立、获得、扩大、管理、经营、运营、维护、使用、清算、出售或对投资其他形式的处置方面，应当给予另一缔约方投资者及其相关投资，不低于其在同等条件下给予任何其他缔约方或第三国投资者及其投资的待遇。二是如果一缔约方依据任何其为成员的将来的协定或安排，给予另一缔约方或第三国投资者及其投资更优惠的待遇，其没有义务将此待遇给予另一缔约方的投资者及其投资。但是，经另一缔约方要求，该缔约方应给予另一缔约方充分的机会，商谈其间的优惠待遇。此外，投资待遇、透明度、投资促进与便利和争端解决等条款在改善双方投资环境、提高外资政策透明度、促进投资便利化、提高投资争端解决公平与效率以及加强投资保护等方面提供了有效的法律保障。

最惠国待遇和国民待遇是国际投资中并行的两种不同待遇制度。这两个核心条款在确保给予双方投资者公平公正的非歧视待遇方面起着关键作用。国民待遇原则与最惠国待遇的义务是互补的，主要是指成员方之间相互保证给予对方自然人和法人在本国境内享有与本国自然人与法人同等的待遇，这种待遇主要限于国内税收和国内规章等方面。

3.2.3　公正和公平待遇

公平和公正待遇是指各方在任何法定或行政程序中有义务不拒绝给予公正待遇。全面保护与安全要求各方采取合理的必要措施确保另一缔约方投资者投资的保护与安全。公平与公正待遇标准是一缔约国给予外资的绝对待遇标准，目的是更好地平衡投资者的利益和主权国家管理公共事务的权力，但是该标准的运用必须根据具体情况及该缔约国的经济发展水平而定。

《中国—东盟自由贸易区投资协议》是投资保护方面的主要法律依据，其中对外国投资保护的主要条款必然会涉及公平公正待遇条款，因为公平与公正待遇标准是国际投资条约中普遍采纳的一项投资待遇标准。中国与东盟国家的双边投资协定规定了“公平的”“公正和公平的”或“公正与平等”的待遇。其中，在中国与泰国的协定中，规定“公平的”待遇；在中国与新加坡、越南、马来西亚、菲律宾、老挝、印度尼西亚、柬埔寨、文莱的协定中，规定了“公正和公平的待遇”。在中国与缅甸的协定中，规定了“公正与平等的待遇”。也就是说，10个协定中均有相同或类似的规定。公平公正待遇义务意味着一旦签订了《双边投资协议》，缔约国就不得采取违反投资者的“不合理”做法，可以说公正待遇义务大幅提高了协议的效果。因此，有了《投资协议》及相关政策的扶持，中国企业在东盟国家的投资将会顺利开展。

3.3 投资监管

投资监管，即政府对投资活动的监督管理，以营造适宜的投资环境，维护正常的投资秩序。东道国对外来投资的管辖权是一国主权的体现。东盟国家作为东道国，对外来投资坚持行政监管、立法管辖和司法管辖。它们对外资的态度相当务实，注重将优厚的鼓励和适当的限制相结合。外商投资监督管理涉及许多方面，从外资进入到运营到退出，形成了一项系统工程。尤其是在现代公共管理、公共服务理念下，往往将“监管”与“服务”并提，并且有些措施兼具监管与服务的双重意义。

3.3.1 泰国

泰国主管投资促进的部门是泰国投资促进委员会，负责根据1977年颁布的《投资促进法》及1991年第二次修正和2001年第三次修正的版本制定投资政策，负责审核和批准享受泰国投资优惠政策的项目、提供投资咨询和服务等。外资对泰国开展投资经营活动的方式可分为以下两类：一是按照泰国法律在泰国注册为某种法人实体，具体形式有独资企业、合伙企业、私人有限公司和大众有限公司等；二是成立合资公司，通常指一些自然人或法人根据协议为从事某项商业活动而组建的实体。根据泰国《民商法典》，合资公司不是法人实体，但是根据《税法典》，合资公司在缴纳企业所得税时被视为单一实体。

3.3.2　马来西亚

马来西亚主管工业领域投资的政府部门是贸工部下属的马来西亚投资发展局，其主要职责是：制定工业发展规划；促进制造业和服务业领域的国内外投资；审批工业执照、外籍员工职位以及企业税务优惠；协助企业落实和执行投资项目。马来西亚其他行业投资由马来西亚总理府经济计划署（EPU）及有关政府部门负责，EPU 负责审批涉及外资与土著持股比例变化的投资申请，而政府部门则负责其他业务有关事宜的审批。

3.3.3　菲律宾

菲律宾贸工部是负责投资政策实施和协调、促进投资便利化的主要职能部门。贸工部下设的投资署、经济特区管理委员会负责投资政策包括外资政策的实施和管理。此外，菲律宾还在苏比克、克拉克等地设立了自由港区或经济特区，并成立了相应的政府机构进行管理。对于绝大多数公司，菲律宾公民须拥有至少 60%的股份以及表决权，不少于60%的董事会成员是菲律宾公民。如果公司不能满足上述关于菲律宾公民所占比例的要求，则必须满足以下条件：①经投资署批准，属于先进项目，菲律宾公民无法承担，且至少 70%的产品用于出口。②从注册之日起 30 年内，必须成为菲律宾本国企业，但是产品 100%出口的公司无须满足该要求。③公司涉及的先进项目领域不属于宪法或其他法律规定应由菲律宾公民所有或控制的领域。

3.3.4 缅甸

缅甸设有外国投资委员会，管理外来投资。根据新《外国投资法》规定，外商投资活动可以通过外商独资形式来实现，也可以与缅甸的个人、私有企业、合作社或者国有企业组成合资公司来完成。在所有的合资公司里，外商至少要占到本公司35%以上的股份。外国公司向外国人或国民全部转让出售股份，需事先征得委员会许可并交回原有许可并按规定对股权转让注册。外国公司向外国人或国民出让部分股份，需重新获得委员会许可并对股份转让登记。

3.3.5 越南

越南主管投资的政府部门是计划投资部，设 31 个司局和研究院，主要负责全国“计划和投资”管理，为制定全国经济社会发展规划和经济管理政策提供综合参考，负责管理国内外投资，负责管理工业区和出口加工区建设，牵头管理对官方发展援助（ODA）的使用，负责管理部分项目的招投标等。

3.3.6 柬埔寨

柬埔寨发展理事会是唯一负责重建、发展和投资监管事务的一站式服务机构，由柬埔寨重建与发展委员会和柬埔寨投资委员会组成。该机构负责对全部重建、发展工作和投资项目活动进行评估和决策，批准投资人注册申请的合格投资项目，并颁发最终注册证书。但对于下列条件的投资项目，需提交内阁办公厅批准：①投资额超过 5000 万美元；②涉及政治敏感问题；③矿产及自然资源的勘探与开发；④可能对环境产生不利影响；⑤基础设施项目；⑥长期开发战略。

3.3.7　印度尼西亚

印度尼西亚设有投资协调委员会，发放投资许可证，负责促进外商投资。

3.3.8　老挝

在老挝，由工贸部、计划投资部、政府办公厅分别对本国投资的一般投资、特许经营投资和经济特区投资负责。

3.3.9　新加坡

新加坡负责投资的主管部门是经济发展局，成立于1961年，隶属新加坡贸工部，是专门负责吸引外资的机构，具体制定和实施各种吸引外资的优惠政策并提供高效的行政服务。

3.3.10　文莱

文莱引进外资事宜由工业与初级资源部和经济发展理事会管理。文莱对大部分行业外资企业投资没有明确的本地股份占比规定，对外国自然人投资也没有特殊限制，仅要求公司董事至少1人为当地居民。外国直接投资以绿地投资为主，并购案例极少。

3.4　税收政策

3.4.1　泰国

泰国的税收主要分为两大类：直接税和间接税。直接税包括个人所得税、公司所得税、石油所得税。间接税则包括增值税、特别行业税、关税、消费税、印花税以及财产税。税款的征收由财政部分别通过负责进出口关税的海关厅，负责征收收入税、增值税、特种行业税以及印花税的收入厅，以及征收特定商品消费税的消费厅来征收。地方政府则负责财产税和地方税的征收。

企业所得税。在泰国，具有法人资格的公司都须依法纳税，纳税比例为净利润的30%，每半年缴纳一次。基金、联合会和协会等则缴纳净收入的2%~10%，国际运输公司和航空业的税收则为净收入的3%。未注册的外国公司或未在泰国注册的公司只需按在泰国的收入纳税。正常的业务开销和贬值补贴，按5%~100%不等的比例从净利润中扣除。对外国贷款的利息支付不用征收公司的所得税。企业间所得的红利免征50%的税。对于拥有其他公司的股权和在泰国证券交易所上市的公司，所得红利全部免税，但要求持股人在接受红利之前或之后至少持股3个月以上。企业研发成本可以作双倍扣除，职业培训成本可以作1.5倍扣除。注册资本低于500万泰铢的小公司，净利润低于100万泰铢的，按20%计算缴纳所得税；净利润在100万~300万泰铢的，按25%计算缴纳。在泰国证交所登记的公司净利润低于3亿泰铢的，按25%计算缴纳。设在曼谷的国际金融机构和区域经营总部按合法收入利润的10%计算缴纳。国外来泰投资的公司如果注册为泰国公司，则可以享受多种税收优惠。

个人所得税。个人所得税纳税年度为公历年度。泰国居民或非居民在泰国取得的合法收入或在泰国的资产，均须缴纳个人所得税。税基为所有应税收入减去相关费用后的余额，按5%~37%的五级超额累进税率征收。按照泰国有关税法，部分个人所得可以在税前根据相关标准进行扣除，如租赁收入可根据财产出租的类别，扣除10%~30%不等；专业收费中的医疗收入可扣除60%，其他30%，著作权收入、雇佣或服务收入可扣除40%，承包人收入可扣除70%。

增值税。泰国增值税率的普通税率为7%。任何年营业额超过120万泰铢的个人或单位，只要在泰国销售应税货物或提供应税劳务，都应在泰国缴纳增值税。进口商无论是否在泰国登记，都应缴纳增值税，由海关厅在货物进口时代为征收。免征增值税的情况包括：年营业额不足120万泰铢的小企业；销售或进口未加工的农产品、牲畜以及农用原料，如化肥、种子及化学品等；销售或进口报纸、杂志及教科书；审计、法律服务、健康服务及其他专业服务；文化及宗教服务；实行零税率的货物或应税劳务包括出口货物、泰国提供的但用于国外的劳务、国际运输航空器或船舶、援外项目下政府机构或国企提供的货物或劳务、向联合国机构或外交机构提供的货物或劳务、保税库或出口加工区之间提供货物或劳务。当每个月的进项税大于销项税时，纳税人可以申请退税，在下个月可返还现金或抵税。对零税率货物来说，纳税人总是享受退税待遇。与招待费有关的进项税不得抵扣，但可在计算企业所得税时作为可扣除费用。

特别营业税。征收特别营业税的行业有银行业、金融业及相关业务、寿险、典当业和经纪业、房地产及其他皇家法案规定的业务。其中，银行业、金融及相关业务为利息、折旧、服务费、外汇利润收入的3%，寿险为利息、服务费及其他费用收入的2.5%，典当业、经纪业为利息、费用及销售过期财物收入的2.5%，房地产业为收入总额的3%，回购协议为售价和回购价差额的3%，代理业务为所收利息、折扣、服务费收入的3%。同时在征收特别营业税的基础上还会加收10%的地方税。

3.4.2 马来西亚

马来西亚实行中央政府一级征税制度，税收立法权和征收权均集中在中央政府。马来西亚现行主要税种有：所得税、不动产利得税、石油所得税、消费税等。主要税收优惠包括：一是鼓励国内投资与资本性投资的措施。新兴企业（包括制造业、农业、饭店、旅游及其他产业）投产5年内，70%的法定所得免纳所得税；对从事资本密集型和高技术投资的企业可以按照“逐案审查”原则给予全部免税，免税期设定在最初 5 年；其他免税项目包括纳入国家重点战略的森林种植计划、多媒体高级通道、电子芯片的生产等。二是投资优惠。对再投资生产重型机械和普通机械、设备的公司给予再投资优惠。再投资减免额为 5 年内进行再投资所产生增量收入的 70%；对利用椰油生物资源和再投资生产附加值产品的企业，其利润给予全额免税优惠，优惠期 10 年；对从事产业扩张计划、产业现代化、自动化以及制造工艺多样化的企业，给予再投资扣除的优惠，再投资扣除额为在 15 年内发生的用于上述目的的机械设备、厂房的资本性支出的 60%。三是促进出口的优惠措施。对制造业、农业、饭店、旅游以及服务部门为促进产品出口而产生的费用，采取双倍扣除等优惠措施。四是技术与职业培训的扣除。对经批准的培训雇员项目发生的费用允许双倍扣除；培训费用双倍扣除的规定同样适用于中小型制造业公司。

马来西亚联邦政府和各州政府实行分税制。联邦财政部统一管理全国税务事务，负责制定税收政策，由其下属的内陆税收局（征收直接税）和皇家关税局（征收间接税）负责实施。财政部下属的内陆税收局（IRBM）负责管理以下法规所规定的直接税：1967 年所得税法、1967 年石油（所得税）法、1976 年不动产利得税法、1986 年投资促进法、1949 年印花税法和 1990 年纳闽岛商业活动税法。皇家关税局（又称皇家关税和货物税局）主要征收间接税，主要依照法律有 2014 年消费税法、1967 年关税法等。

马来西亚政府规定，投资于环保产业领域，5 年内公司营业利润的 70%免缴所得税；对于从事植树造林的，10 年内免缴企业所得税；对于投资于财政部核定的粮食生产（包括槿麻、蔬菜、水果、药用植物、香料、水产物及牛、羊等牲畜饲养）的企业，10 年内免缴企业所得税。对于出口鲜果和干果、鲜花与干花、观赏植物和观赏鱼的，可免缴相当于其营业利润 10%的所得税。另外，投资农业可享受投资税务补贴、再投资补贴和加速资本补贴等优惠政策。①投资税务补贴。获得投资税务补贴的企业，可享受为期5年合格资本支出额60%的投资税务补贴。该补贴可用于冲抵其纳税年度法定收入的70%，其余30%按规定纳税，未用完的补贴可转至下一年度使用，直到用完为止。②再投资补贴。运营12个月以上的企业因扩充产能需要，进行生产设备现代化或产品多样化升级改造的开销，可申请再投资补贴。合格资本支出额60%的补贴可用于冲抵其纳税年度法定收入的70%，其余30%按规定纳税。③加速资本补贴。使用15年的再投资补贴后，再投资在“促进产品”的企业可申请加速资本补贴，为期3年，第一年享受合格资本支出额40%的初期补贴，之后两年均为20%。

3.4.3　菲律宾

菲律宾的税收体制分为国税、地方税两种。其中，国税是指由中央政府通过国内税务机关施行并征收的税种，主要包括所得税、增值税、消费税、比例税、印花税及赠予税。而地方税，是指由地方政府基于宪法的授权性规定而施行并征收的税种，主要包括不动产税、不动产转让税和商业税。

菲律宾对外国投资制定的税收优惠措施有：（1）免所得税。新注册的优先项目企业将免除6年的所得税，传统企业免交4年所得税。扩建和升级改造项目免税期为3年，如项目位于欠发达地区，免税期为6年。新注册企业如满足下列其中一个条件，还将多享有1年免税奖励：①本地生产的原材料至少占总原材料的50%；②进口和本地生产的固定设备价值与工人的比例不超过每人1万美元；③营业前3年，年外汇存款或收入达到50万美元以上。（2）可征税收入中减去人工费用。（3）减免用于制造、加工或生产出口商品的原材料的赋税。（4）可征税收入中减去必要和主要的基建费用。（5）进口设备的相关材料和零部件减免关税。（6）减免码头费用以及出口关税。（7）自投资署注册起免除4~6年地方营业税。

3.4.4 缅甸

缅甸的财政税收体系包括对国内产品和公共消费征税、对收入和所有权征税、关税以及对国有财产使用权征税四个主要项目下的15种税费。以上税收由5个部门下设的6个直属局负责管理，其中缅甸国家税务局管理89%以上的政府各项税收。

缅甸政府规定，按照《外国投资法》批准的企业将享受5年免税期，其中包括企业开始商业运营的当年。如果企业申请，而且投资委认为项目符合国家利益，也可将免税期延长。此外，投资委也可能批准以下一项或几项减免措施：（1）制造业及服务业开始经营运行1年起连续5年免所得税，并视项目情况延长减免期限。（2）项目利润作为专项资金在1年内用于追加该项目投资的，减免所得税。（3）项目设备、建筑物及其他资本的折旧，按规定折旧率计算后从利润中扣除。（4）对出口产品减免50%所得税。（5）外国人缴纳所得税税率享受国民待遇。（6）在境内从事项目有关的研发费用，从利润中扣除。（7）项目享受5年减免所得税后，如果连续2年出现亏损，则从亏损年起连续后3年减免所得税。（8）项目建设期间必要的进口设备、配件及其他物资减免关税、国内税或两项并减。（9）项目竣工后头3年进口的生产用原材料减免关税或国内税或两项并减。（10）经投资委员会同意，对投资期限内扩大投资规模所必需的进口设备、零配件及其他物资减免关税或国内税或两项并减。（11）对出口产品减免贸易税。

3.4.5 越南

越南的税收立法权和征税权集中在中央。经过20年左右的努力，越南初步建立起相对完善的税收体系，并有力推动了国民经济和社会事业的发展，在经济体制转轨过程中发挥了很大的作用。越南税收制度也在随着经济社会形势的变化不断地进行调整和改革，逐步优化。总的改革方向是精简税制，降低税负，规范管理，与市场经济国家接轨。《越南社会主义共和国宪法》第八十条规定，依照法律的规定纳税和参加公共事业劳动是公民的义务。宪法作为根本大法为越南的税收制度奠定了基础。越南现行的税收程序法有《征收管理法》，实体法有《个人所得税法》《企业所得税法》《增值税法》《特别消费税法》等。

越南法律规定，外资企业或合作经营企业进出口商品须根据进出口税法缴税。外资企业和合作经营企业进口的固定资产免征进口税。特别鼓励的投资领域或社会经济条件极其艰苦的地区的项目生产所需进口的原料或材料及零件从生产开始之日起5年内免征进口税。政府对鼓励投资所需的其他特殊商品给予免、减进出口税待遇。同时规定，凡是加工量和出口量占其生产总量一半以上的农林水产领域的投资项目、生产新品种的项目、在山区和半山区投资的项目等，可在土地租金、企业收入税等方面享有最高的优惠。①

3.4.6　印度尼西亚

印度尼西亚实行中央和地方两级课税支付，税收立法权和征收权主要集中在中央。现行的主要税种有：企业所得税、个人所得税、增值税、奢侈品销售税、土地和建筑物税、离境税、印花税、娱乐税、电台与电视税、道路税、机动车税、自行车税、广告税、外国人税和发展税等。

除2008年7月17日通过的《所得税法》之外，为吸引外国投资，印度尼西亚出台了一系列优惠政策。公布于1999年的《第七号总统令》恢复了鼓励投资的免税期政策；2009年印度尼西亚政府通过的经济特区新法律进一步规定了特别经济区税收优惠政策。所得税优惠由《有关所规定的企业或所规定的地区之投资方面所得税优惠的第1号政

① 南博网，可享受的优惠税收政策，http://www.caexpo.com/special/invest/dbp/1.html01。

府条例》规定。自2011年12月1日起，在印度尼西亚的投资者可以申请免税优惠，根据相关的执行准则规定，凡有意申请免税优惠的投资者，必须把总投资额的10%资金存放在印度尼西亚国民银行。投资者可以向印度尼西亚工业部或投资协调署提出免税申请。

自2007年1月1日起，印度尼西亚政府对6种战略物资豁免增值税，即原装或拆散属机器和工厂工具的资本物资（不包括零部件），禽畜鱼饲料或制造饲料的原材料，农产品，农业、林业、畜牧业和渔业的种苗或种子，通过水管疏导的饮用水，以及电力（供家庭用户6600瓦以上者除外）。2007年2月，为吸引外商进入印度尼西亚与当地企业合作从事鱼类加工业，印度尼西亚政府采取多项税收措施，具体包括免除国内加工鱼产品的出口税，减轻渔业加工机械进口税，减免收入税及增值税，在综合经济开发区和东部地区投资的企业还可获得土地建设税减免优惠。2009年印度尼西亚通过了经济特区新法律，在特别经济区开展业务的公司，可以享受税收（包括增值税、销售税及进口税等）、土地使用等方面的优惠政策。政府将简化投资人申请设立公司或申办其他事项的手续。此外，印度尼西亚对外资的所得税优惠措施有：①企业所得税税率为30%，可以在6年之内付清；②加速偿还和折旧；③在分红时，外资企业所缴的所得税税率是10%，或根据现行的有关避免双重征税协议，采用较低的税率缴税；④给予5年以上的亏损补偿期，但最多不超过10年。

3.4.7 老挝

目前老挝实行全国统一的税收制度，外国企业和个人与老挝本国的企业和个人一样同等纳税。老挝税制中将其税收分为间接税和直接税。其中，直接税以个人、公司及其他组织为纳税对象，包括任何取得的来源于老挝境内收入的外国公司或外籍个人。直接税主要是利润税、所得税、定额税、环境税、手续费和专业服务费5种。间接税主要是增值税和消费税 2 种。

老挝政府根据不同地区的实际情况给予投资优惠政策：（1）一类地区，指没有经济基础设施的山区、高原和平原。免征 7 年利润税，7 年后按 10%征收利润税。（2）二类地区，指有部分经济基础设施的山区、高原和平原。免征 5 年利润税，之后 3 年按 7.5%征收利润税，再之后按 15%征收利润税。（3）三类地区，指有经济基础设施的山区、高原和平原。免征 2 年利润税，之后 2 年按 10%征收利润税，再之后按 20%征收利润税。免征利润税时间按企业开始投资经营之日起算；如果是林木种植项目，从企业获得利润之日起算。此外，企业还可以获得如下四项优惠：①在免征或减征利润税期间，企业可以获得免征最低税的优惠。②利润用于拓展获批业务者，将获得免征年度利润税。③对直接用于生产车辆配件、设备，老挝国内没有或不足的原材料，用于加工出口的半成品等进口可免征进口关税和赋税。④出口产品免征关税。对用来进口替代的加工或组装的进口原料及半成品可以获得减征关税和赋税的优惠；经济特区、工业区、边境贸易区以及某些特殊经济区等按照各区的专门法律法规执行。

3.4.8　柬埔寨

柬埔寨实行全国统一的税收制度，并采取属地税制。1997 年颁布的《税法》和 2003 年颁布的《税法修正法》为柬埔寨税收制度提供了法律依据。2004 年，财经部颁布了《公司利润税部长令》，该部长令对于理解大多数柬埔寨税务条例非常重要，因为它定义了其他税收条例的许多术语，即《公司利润税部长令》比《税法》更适用于多数条例。同时，《商业法》《海关法》和《投资法》也是重要的法律文本，且在很大程度上与税收事项相关。它们制定了关于在柬埔寨投资和进行外贸的规则和激励措施。

柬埔寨政府鼓励投资的优惠政策主要是全部或部分免征关税税务。

经柬埔寨发展理事会批准的合格投资项目可取得的投资优惠包括：（1）免征投资生产企业的生产设备、建筑材料、零配件和原材料等的进口关税。（2）企业投资后可享受3~8年的免税期（经济特区最长可达9年），免税期后按税法交纳税率为9%的利润税。（3）利润用于再投资，免征利润税；分配红利不征税。（4）产品出口，免征出口税。

在吸引外商投资农业产业上，柬埔寨政府依据《投资法》对开发种植1000公顷以上的稻谷、500公顷以上的经济作物、50公顷以上的蔬菜种植项目；对畜牧业存栏在1000头以上、饲养100头以上的乳牛项目、饲养家禽1万只以上项目以及占地5公顷以上的淡水养殖、占地10公顷以上的海水养殖项目均给予支持和优惠待遇。主要鼓励措施包括：（1）项目在实施后，从第一次获得盈利的年份算起，可免征盈利税的时间最长为8年。如连续亏损则被准许免征税。如果投资者将其盈利用于再投资，则可免征其盈利税。（2）政府只征收纯盈利税，税率9%。（3）分配投资盈利，不管是转移到国外，还是在柬国内分配，均不征税。（4）对投资项目需进口的建筑材料、生产资料、各种物资、半成品、原材料及所需零配件，均可获得100%免征其关税及其他赋税，但该项目必须是产品的80%供出口的投资项目。

此外，2005年12月，特别经济区体制在柬埔寨开始施行。柬政府正式批准了14个经济特区，另外还有8个特区获得柬经济特区局证书。特别经济区次法令规定："特别经济区委员会应向全部特别经济区提供优惠政策。"区内投资企业可享受的优惠投资政策见表3-1。

表3-1　柬埔寨特别经济区享受的优惠政策

受益人	优惠政策
经济区开发商	1. 利润税免税期最长可达9年； 2. 经济区内基础设施建设使用的设备和建材进口免征进口税和其他赋税； 3. 经济区开发商可根据《土地法》取得国家土地特许，在边境地区或独立区域设立特别经济区，并将土地租赁给投资企业

续表

受益人	优惠政策
区内投资企业	1. 与其他合格投资项目同等享受关税和税收优惠； 2. 出口国外市场的产品，免征增值税；进入国内市场的产品，应根据数量缴纳相应的增值税
全体	1. 经济区开发商、投资人或外籍雇员有权将税后投资收入和工资转账至境外银行； 2. 外国人非歧视性待遇、不实行国有化政策、不设定价格

资料来源：柬埔寨发展理事会。

3.4.9　文莱

目前文莱免征流转税、个人所得税，也无出口税、销售税、工资税和增值税等诸多税种。其中企业所得税和石油所得税为其政府税收的主要来源，占其税收总额的95%以上。

在文莱投资可享受税收优惠的产业有：（1）先锋产业，如肥料和杀虫剂、清真食品加工认证，可享受的优惠包括：免收所得税（5~20年）；免30%的公司税；免公司进口机器、设备、零部件及配件的进口税；免原材料进口税；为生产先锋产品而进口的原材料免征进口税；可以结转亏损和津贴。（2）先锋服务公司，如农业技术的服务企业，可享受免所得税以及可结转亏损和补贴待遇。免税期8年，可延长，但不超过11年。（3）出口型生产企业，即从事农业、林业或渔业的企业，若产品出口不低于其销售总额的20%，且年出口额不低于2万文莱元，文莱工业与初级资源部可认定其为出口型生产企业并颁发证书。出口型企业申请续期每次不超过5年，最长不超过20年。出口型生产企业中，非先锋企业可免税8年，先锋企业可免税6年；续期总共不超过11年。出口型生产企业免税范围包括：所得税，机器设备、零部件、配件、原材料进口税。

3.4.10　新加坡

新加坡以属地原则征税。任何人（包括公司和个人）在新加坡发生或来源于新加坡的收入，或在新加坡取得或视为在新加坡取得的收入，都属于新加坡的应税收入，需要在新加坡纳税。也就是说，即使是发生于或来源于新加坡之外的收入，只要是在新加坡取得，就需要在新加坡纳税。另外，在新加坡收到的境外赚取的收入也须缴纳所得税，有税务豁免的除外（如股息、分公司利润、服务收入等）。新加坡为城市国家，全国实行统一的税收制度。任何公司和个人（包括外国公司和个人）只要根据上述属地原则取得新加坡应税收入，就需在新加坡纳税。新加坡现行主要税种有：公司所得税、个人所得税、货劳税、房产税、印花税等。此外，还有关税、博彩税以及对引进外国劳工的新加坡公司征收的劳工税。

3.5 土地制度

3.5.1 马来西亚

马来西亚宪法规定土地事务属于州务管辖范畴，各州均设有土地局，各州在联邦政府监督下，可制定本州的土地政策。宪法和国家土地法均规定，马来西亚土地可以作为私有财产受法律的保护，自由买卖。获得土地的方式主要分为两种，一种是永久拥有权（Freehold），可以获得永久地契（目前此权限已很难获得），另一种是租赁性拥有权（Leasehold），可获有效期为99年的租契。日前，新的修订政策允许业主在99年地契到期之前支付一定费用，便可再延续新的99年所有权。2010年1月1日生效的《产业购置指南》明确了外资企业获得土地的相关规定。按照审批权限分为四类：（1）需要报马来西亚总理府经济计划署（EPU）审批的产业购置，包括：①直接购置价值超过2000万令吉的非住宅产业，降低当地土著企业或政府机构的股份比例；②通过并购控股方式，间接购置土著企业或政府机构的价值超过2000万令吉的非住宅产业。这两种购置申请，均有强制的30%土著股权限制，且外资企业缴纳的资本不得低于25万令吉。（2）无须EPU批准，但要报相关部门审核的产业购置包括：①购置价值超过50万令吉的商业房屋；②价值超过50万令吉或购置面积为5英亩以上的农业用地，用于农业投资、高新技术的商业投资、农业旅游项目开发或开展出口型农产品加工；③购置价值超过50万令吉的工业用地；④购置价值超过50万令吉的住宅。（3）禁止外资购置的产业有：①价值50万令吉以下的产业；②州政府划分的中/低成本住宅；③“马来人保留地”上的产业；④州政府分给土著企业开发项目的产业。（4）无须EPU批准的产业购置包括：购置马来西亚“第二家园计划”的住宅；公司的员工宿舍（外资控股的公司需购置10万令吉以上的住宅），该业务由州政府批准；制造业公司购置的产业等。

3.5.2　菲律宾

菲律宾宪法规定，外国人不得在菲律宾购买土地，但外国公民或公司可以先成立一家菲律宾公司。公司的股权外方占40%以下（含40%），菲方占60%以上（含60%），并且公司至少有5人，公司成立后，必须在菲开立主要的公司银行账户。账户的户头可以单独为外国公民，可以存放由外国公民控制房产收入所获得的资金。该公司在购买菲律宾土地前，须得到菲律宾投资委员会（BOI）的许可，才可进行土地买卖的交易。投资者租赁法案（第7652号共和国法案）允许外国投资者在菲律宾租用商业用地最长不超过75年（过去规定为50年）。根据该法，任何到菲律宾投资的外国投资者在遵守菲律宾法律和下列条件的情况下，都可租赁私人土地：（1）土地租赁合同期限为50年，仅可一次性延长25年；（2）租赁的土地仅做投资用途；（3）租赁合同应符合《综合土地改革法》和《地方政府法案》。

3.5.3 泰国

1954 年泰国颁布的《土地法》对外国人拥有土地做出规定："外国人可根据双边条约关于允许拥有房地产权的规定，并在本土地法管辖下拥有土地。"根据该法，外国人及外籍法人可拥有土地，以作为居住和从事商业、工业、农业、坟场、慈善、宗教等活动需要之用，并针对不同用途对外国人最多可持有的土地面积做了规定。为了适应经济与社会发展的需要，内务部于 1999 年 5 月 19 日又颁布《土地法》修订案对《土地法》中有关外国人及外籍法人产业问题做了修改，允许外国人及外籍法人在符合某种规定的条件下拥有土地产业。其规定主要内容包括：对于在泰投资可观并使泰经济受益的外国企业，其在泰经营期间若适用《泰国投资促进法》第 27 条、《泰国工业园管理局法》第 44 条或《泰国石油法》第 65 条规定，在持有泰国土地方面可享受一定的特权和豁免。(1)《泰国投资促进法》第 27 条：在获得董事会批准的情况下，投资人可拥有超出其他法律规定范围的土地用于进行投资活动；在投资人是外籍人的情况下，若其在泰投资活动停止或将土地转让给他人，土地局有权收回土地。(2)《泰国工业园管理局法》第 44 条：获得董事会批准的情况，工业经营者可在工业园区内拥有超出其他法律规定范围的土地用于工业活动。投资人是外籍人的情况，若其在泰商业活动停止或转让给他人，须将所有用地退还给泰工业园管理局或转让给其企业受让者。(3)《泰国石油法》第 65 条：委员会有权批准特许权获得者拥有超出其他法律规定范围的土地用于石油经营。

3.5.4 印度尼西亚

印度尼西亚实行土地私有，外国人或外国公司在印度尼西亚都不能拥有土地，但外商直接投资企业可以拥有以下三种受限制的权利：建筑权，允许在土地上建筑并拥有该建筑物 30 年，并可再延期 20 年；使用权，允许为特定目的使用土地25年，可以再延长20年；开发权，允许为多种目的开发土地，如农业、渔业和畜牧业等，使用期35年，可再延长25年。2007年为吸引外资，延长商业种植用地使用期最高至85年。

3.5.5　越南

按照越南现行法律规定，外国投资者不能在越南购买土地，可租赁土地并获得土地使用权，使用期限一般为50年，特殊情况可申请延期，但最长不得超过70年。外国投资者需要租赁土地进行投资时，可与项目所在地的土地管理部门联系，办理土地交接和租用手续。投资者获得土地使用权后，如在规定期限内未实施项目，或土地使用情况与批准内容不符，国家有权收回土地，并撤销其投资许可证。外资企业可以以土地和土地使用权作为抵押向允许在越南进行经营活动的信贷机构贷款，政府规定土地使用权抵押的条件和手续。给予投资优惠的领域有：生产出口商品领域；饲养、种植和农林水产加工领域；使用高工艺、现代技术、保护生态环境和投资于研究与发展领域；使用密集劳动力、原料加工和有效使用越南自然资源的领域；基础设施建设和重要工业生产领域①。

3.5.6　缅甸

缅甸有关土地使用法规定，缅甸政府将批给外资企业一定规模项目建设开发用地进行项目建设和经营，经营期满之后，缅甸政府将项目收归国有。根据最新外国投资法，外资企业可向农业部申请租用缅甸闲置土地进行农作物种植和开发利用项目投资，租用年限一般为50年，可根据项目情况进行协商延长土地租用期。

---

① 南博网．越南鼓励或限制投资的领域以及外资机构的国土使用权，http//www.caexpo.org/gb/news/special/touzi/guiding/t20051118_ 53985.html.

3.5.7 柬埔寨

柬埔寨政府规定，用于投资的土地所有权，必须交由柬籍的自然人或法人（柬籍法人是指柬籍个人或法人在投资总额中占51%以上股份的法人）投资者所有。外国投资者在使用土地方面可通过长期租赁的方式，最长租期为99年，期满可申请续租。投资者对项目土地上的不动产和个人财产依法享有所有权。

3.5.8 老挝

老挝《土地法》规定，外国人以及其他组织没有土地的使用权，只享有土地租赁权。外国投资者能够获得国有土地的长期租约，特许经营权由各级政府审批许可。各级政府许可的权限依土地规模而不同，具体批准权限为：大于1万公顷的，由国会审批；100~10000公顷的，由中央政府/总理审批；3~100公顷的，由省级政府审批；3公顷以下，由地级政府审批。根据外国人投资的项目、产业、规模、特性，其租期最高不得超过50年，但可按政府的决定视情形续租。土地特许经营权费用见表3-2。

表3-2 2009年修改后的老挝土地特许经营权费用

经营目标	每年每公顷租金（美元）		
	地区1	地区2	地区3
食品加工、农产品加工、农产品设备	100	200	300
短期作物和粮食作物种植	5	10	15
果树和多年生植物	5	10	20
商品化种植园	6	10	20
非木材林产品和药用植物	7	15	25
商品树种植（收获期10年）	8	15	25
速生材种植（收获期短于10年）	10	20	30
橡胶	30	40	50

资料来源：老挝政府，2009。

3.5.9　新加坡

新加坡土地主要有国有和私有两种形式，其中国有形式又分为国有土地和公有土地两种。目前国有土地约占53%，公有土地约占27%，私有土地约占20%。根据《土地法》规定，外资企业可以在新加坡参与土地交易。土地的交易采用拍卖、招标、有价划拨和临时出租等方式，将一定年限的土地使用权出售给使用者。出让后的土地可以自由转让、买卖和租赁，但年限不变。使用期结束后，政府无偿收回土地及其地上附着物；若要继续使用，须经政府批准，再获得一个规定年限的使用期，但须按当时的市价重估地价，第二次买地。

3.5.10　文莱

文莱法律规定，外国人在文莱不能获得土地所有权和买卖权，只有文莱公民才享有买卖土地的权利，而外国人和侨民只能租用土地。

第4章

东盟农业投资类别分析

随着中国经济实力的不断提高，中央、地方各级政府对农业“走出去”的战略认知与重视程度不断加深，以及出于中国农业发展战略的需要，中国在亚太地区农业投资的力度必然加大。东盟地处“21世纪海上丝绸之路”的节点位置，是中国重要的农业投资地。当前，在中国—东盟自贸区内，从事跨国农业投资活动的主要是企业，如何加快企业“走出去”步伐，如何开展互利共赢的农业投资，如何有效利用境外农业资源保障我国粮食安全与战略性农产品供应安全，深入了解和分析中国企业对东盟农业的投资行为显然尤为重要。

4.1 投资类型

4.1.1 资源导向型

资源导向型投资是指企业为寻求稳定、廉价的资源供应进行的对外直接投资，这是国际直接投资中最常见和最初级的一种形式，此处的资源通常包括自然资源和劳动力资源。寻求自然资源，即自然资源导向型投资，企业对外直接投资是以获取自然资源为目的。随着中国经济的高速发展，劳动力成本不断上升，各种资源、原材料价格上涨，中国在世界市场上逐渐失去成本优势。中国—东盟农业经济合作的发展，东盟所拥有的自然资源成为吸引中国对其进行投资的重要因素。从世界范围来看，东盟地区具有非常丰富的农业、林业、水产资源，如印度尼西亚盛产农林热带经济作物，是世界第一大棕榈油生产国和第二大天然橡胶生产国；马来西亚位于东南亚的核心位置，其得天独厚的地理位置和气候使它盛产各种农业经济作物，棕榈油及其制成品的生产居世界第二位，生产、出口的天然橡胶排名世界第三位；泰国是世界粮食的主要出口国，也是目前为止亚洲唯一的粮食净出口国，有着“东南亚粮仓”的美誉。因此，中国企业可以通过到东盟国家进行资源类的直接投资，在海外建立战略性资源开发生产供应基地，优化和稳定国内稀缺资源来源，降低生产成本，提高企业的国际竞争力。

在生产要素中，土地是不可转移的，劳动力的转移通常要受到较多的限制，开发和利用资源只能在资源较丰富的地方进行，因此必须采用对外直接投资的方式。除文莱和新加坡外，东盟其他国家劳动力成本普遍低廉，这为企业寻求廉价生产要素、降低生产成本、增强农产品国际竞争力提供了契机。菲律宾拥有大量廉价而且受过教育的劳动力，素质和文化程度较高，不仅会说英语，还懂会计、软件编程等技术。在马来西亚能招聘到会说英语、马来语、汉语、印地语的员工。越南是中南半岛人口最多的国家，是世界上第七个增长速度最快的国家，青壮年人口比重大，人力资源十分丰富且素质相对较高。在柬埔寨和老挝，劳动力月薪平均在 35 美元左右，缅甸劳动力的平均月薪约为 2000 缅元，按缅甸黑市的汇率折算仅为 10 多美元。中国的农产品加工企业多为劳动力密集型行业，在市场竞争中多凭借成本优势取胜，而廉价的劳动力是实现成本优势的重要因素。因此，在寻求人力资源、利用东盟国家廉价劳动力方面有许多企业进行了尝试。据不完全统计，目前中国有数十家企业在缅甸开展农业投资合作，其中云南省 14 家，主要业务涵盖甘蔗、木薯、橡胶和大豆等作物的种植、加工与销售，农作物品种的选育、生产与销售，农机制造、农药、化肥的生产与销售，以及渔业捕捞、养殖等领域。①

4.1.2 市场导向型

东盟是一个具有巨大潜力的消费市场，人口数量在不断扩大。如表4-1所示，在全球市场规模排名中，东盟有6个国家位居前35位。其中，东盟国家中市场规模最大的是印度尼西亚，全球排名第15位；其次为泰国和马来西亚，全球排名分别为第22位和第26位；新加坡、越南、菲律宾市场规模比较接近，分别排在世界第31、34、35位。东盟国家中市场规模最小的是文莱，其国土面积小，人口也很少，但其宏观经济环境却是全球排名第一。

表4-1 2014年东盟国家市场规模全球排名

国家	缅甸	柬埔寨	泰国	马来西亚	新加坡	印度尼西亚	越南	老挝	菲律宾	文莱
得分	3.70	3.31	5.09	4.90	4.71	5.34	4.69	2.67	4.68	2.42
排名	70	87	22	26	31	15	34	121	35	131

注：得分为1~7分，7分最高。

资料来源：世界经济论坛（World Economic Forum）官方网站。

由于中国国内农产品供给过剩、市场竞争激烈，企业在国内市场的生存发展空间越来越有限，通过对外直接投资打开国外市场已成为企业发展的迫切需求。近年来，发达国家出台了一系列苛刻的农产品贸易制度，给我国进入发达国家市场带来了巨大的障碍。特别是一些国家为了保护本土农产品市场，实行了严厉的农产品贸易壁垒和生产保护。中国企业加强对东盟国家的农业投资，不仅可以拓展东盟国家的农产品市场，也可以绕过贸易目标国的关税和非关税壁垒，将更多的产品出口到东盟以外的其他国家，从而不断扩大海外市场份额。

① 张芸，崔计顺，杨光．缅甸农业发展现状及中缅农业合作战略思考［J］．世界农业，2015（1）：150-153.

4.1.3　技术导向型

中国在农业领域的整体技术水平要明显领先于大多数东盟国家，农业生产效率普遍比东盟国家高。例如，在种植、农业生物开发、良种繁育、农业病虫害防治、农机具生产、养殖、防疫、饲料、化肥、农药生产等众多方面具有技术优势。东盟国家大多愿意开发本国市场，以吸引具有优势技术的企业前来投资，以市场换技术、以产品换技术。东道国引进技术的优惠政策成为企业输出技术、开展农业投资的动因。农业技术的发展具有一定的地域性和时效性。中国与东盟共同组成的生态类型，可以有效扩大农业技术的应用范围和时限，相应地降低技术开发费用和推广扩散成本。技术导向型投资具有重要的战略价值，投资形成的技术优势能够获取稳定和长期的经济收益，使企业的国际竞争力更强。

4.1.4　配套导向型

东盟国家在农业基础设施建设方面相对落后，配套生产能力不足。农业企业往往选择分期投资，在产业链上形成了纵向自我配套能力。例如，粮食企业会在首期投资建立种植基地的基础上，投资建设大米加工厂、玉米加工厂，进而继续投资建设育种和实验基地，还要建设仓储物流园。家禽家畜养殖企业，往往会投资建设肉类加工厂、饲料加工厂等产业配套设施。有些农业企业甚至要为当地建设公路、学校、卫生院，履行社会责任。这些后续投资为企业延长了产业链、提高了产品的附加值，也解决了当地配套能力不足的问题。如中国重庆—老挝农业综合园区，是重庆市建立的第一个国际大型农业综合基地，是集种植、养殖、农副产品加工、新能源开发利用、国际商贸物流、农业技术研发培训等于一体的综合性园区。园区于 2004 年开建，分三期进行建设：一期以农业试验和配套设施建设为主；二期种植水稻、玉米等农作物以及花卉、蔬菜等经济作物，水产养殖及兼顾农副产品加工、农资生产以及部分配套工业项目建设；三期将从以生产和加工为主转变为生产、加工和贸易并重，从以国内市场为主转变为以国际市场为主。

4.1.5 政策驱动型

中国的对外投资存量不多，尚处在对外投资的初期阶段，尤其是农业对外投资规模小、抗风险能力弱。在“走出去”战略的背景下，国家和各省份都制定了对外投资鼓励政策、对外投资产业规划等制度。依据这些政策，企业分摊了投资成本，降低了投资风险，增加了投资积极性。例如，在境外毒品种植源头所在地开展“替代种植”的政策扶植下，在境外开展替代发展的企业获得了贷款贴息、融资担保、前期工作经费补助等多项资金鼓励，相应的生产资料出口还可申请免征出口关税和出口退税政策。20 世纪 80 年代末，云南企业就开始投资老挝农业替代种植项目。截至 2013 年 5 月，云南已有 50 多家企业投资农业替代种植，替代产业主要集中在老挝北部，主要种植水稻、甘蔗、橡胶、玉米和热带水果等。替代种植项目在改善当地村民生产生活条件、解决当地农民就业增收等方面发挥了重要作用。

4.1.6 比较优势型

比较优势导向投资是当前及未来中国对东盟农业投资的重要选择。对外直接投资应该从投资国已经处于或即将陷于比较劣势的产业部门，即边际产业部门依次进行；而这些产业又是东道国具有明显或潜在比较优势的部门，如果没有外来的资金、技术和管理经验，东道国的这些优势就不能被利用。这样，投资国对外直接投资就可以充分利用东道国的比较优势并扩大两国的贸易。国际直接投资不能仅仅依靠从微观经济因素出发的跨国公司垄断优势，还要考虑从宏观经济因素出发的国际分工原则。进行对外直接投资应从对外投资的产业、对外投资的主体、投资国与东道国在投资产业上的技术差距、对外直接投资的企业形式等方面进行研究，选择有符合比较成本与比较利润率相对应的原则的产业、主体、技术、企业形式进行投资。按照边际产业依次进行对外投资，所带来的结果是：东道国乐于接受外来投资，因为由中小企业转移到国外东道国的技术更适合当地的生产要素结构，为东道国创造了大量就业机会，对东道国的劳动力进行了有效培训，因而有利于东道国建立新的出口产业基地。与此同时，投资国可以集中发展那些具有比较优势的产业，直接投资的输出国和输入国的产业结构更趋合理。

4.2　投资方式

4.2.1　投资模式

对外直接投资模式可分为绿地投资和并购，绿地投资模式又可以细分为合资方式和独资方式。国际大型农业跨国公司多采用并购模式进行对外直接投资。①

中国企业在东盟多采用绿地投资模式进行农业投资，并且偏好独资方式，其原因是多方面的。

第一是企业自身原因：大多数企业规模尚小，不具备利用资本市场融资并购的资质和能力，而绿地投资是最直接的生产要素投入方式，对于小规模投资来说易于操作，资金成本相对低廉。中小型企业的管理能力较弱，独资方式有利于企业决策和管理，不会出现合资的管理摩擦。

第二是产业原因：中国企业在东盟的农业投资多是直接从事农业产中（生产）环节和产后（加工、物流、贸易）环节的投资，较少从事产前（种子、化肥、农药）环节的投资。在产中环节，土地是重要的投入要素，由于多数东道国禁止外国人拥有本国土地的所有权，并购模

① UNCTAD. World Investment Report 2009：Transnational Corporations，Agricultural Production and Development［R］. New York and Geneva：United Nations，2009.

式受到限制。由于东盟国家在农业产业链上的配套生产能力弱，企业往往不单独在产后环节投资，而是把产后环节的投资作为产中环节投资的延续和配套。为了便于管理和利润独享，产后环节的投资往往也采用绿地模式的独资方式。另外，在东盟国家农业生产（尤其是粮食作物）是以农户家庭为单位进行的，缺乏公司型的农场作为并购交易的对象。

第三是东道国原因：东盟国家与中国的文化相近，企业容易适应当地的文化环境，企业在经营管理方面又具有较强的灵活性和适应性，往往不需要或者没有意识到需要通过合资方式来减少跨文化冲突的经营风险。东道国经济发展水平低，当地企业缺乏资金与中方企业合资，往往只能利用土地资源与中方合作。有些东盟国家的投资环境不成熟、投资政策不稳定，出于风险防范的考虑，中国企业对东盟的农业投资较为谨慎，部分企业宁可贸易、不愿投资，宁可小规模投资、不愿大规模投资，宁可短期投资、不愿长期投资，也有部分企业投资东盟市场后不久就为了规避风险而退出。

4.2.2 运营模式

1. 信贷支持的订单农业合作模式

该模式的参与主体主要包括金融机构、企业和当地农户。金融机构主要以国家开发银行、中国进出口银行等政策性银行为主。企业不直接开展农地种植和租赁业务，而是通过与当地农户签订协议开展订单农业，与农户建立供货合同关系。中方企业为当地农户提供种子、化肥、农药等农用生产物资，提供生产技术指导和仓储等服务，当地农户则将生产获得的稻谷、橡胶、油棕榈、木薯、糖料等农产品按照协议价格直接出售给中方企业，建立紧密稳定的利益联结关系，而金融机构则主要探索在利益链条中为中方企业提供资金支持。①

---

① 尹豪，王劲松，杨光，朱晓丽．民营企业在东盟农业市场的投资行为和特征研究［J］．云南财经大学学报，2015（3）：148-154.

2. 全产业链模式

全产业链模式是指企业以产业链中的某优势环节为切入点，在此基础上逐步向产业链前后端拓展，最终形成完整的产业链条。如广东农垦橡胶集团有限公司（以下简称“广垦橡胶”）以“加工”为切入点，逐步向种植和营销拓展，最终形成了“种苗繁育+种植管理+加工生产+销售融资”为一体的境外天然橡胶全产业链模式。2004 年起，广垦橡胶就在泰国、马来西亚、印度尼西亚等国家开始了天然橡胶加工企业布局，启动并建设了马来西亚广垦橡胶（砂捞越）种植有限公司、柬埔寨春丰橡胶有限公司、广垦橡胶（柬埔寨）有限公司等橡胶种植项目。目前，广东农垦在东南亚国家已建有天然橡胶产业项目 18 个，涵盖天然橡胶种苗培育、橡胶树种植、橡胶原料加工及国际贸易等橡胶原料全产业链条，境外资产总额达 30 余亿元人民币。

3. “抱团出海”合作模式

按照专业化分工的国内企业“抱团出海”，建立战略联盟，在海外分别开展种业、种植、加工、仓储物流等建设，并与当地的种植基地、生产者协会等建立供货贸易合作关系。该模式的关键是强调合作的顶层设计，在国内依托行业协会和重点企业，组建大米、棕榈油、橡胶、林木等重点产品的需求战略联盟，并通过政府间的信息与对接服务平台，在形成整体开发格局与构想的基础上，具体在不同环节与领域，采取不同的开发策略。如广西农垦集团承建在印度尼西亚的“中国—印度尼西亚经贸合作区”，目前一期 120 公顷的项目用地基础设施已建成投入使用，已有 3 家企业入园建成投产，10 家企业入园正式开工，19 家企业签订入园协议。

4. 新建股份制企业的合资模式

按照东盟相关规定，鼓励国外企业与东盟企业共同投资成立合资企业，从事生产基地开发、农产品加工和国际贸易等。中国与东盟的农业合作主要是以中资企业获得海外农业资源为动机，适合选择合资并购等方式。对于大规模农业资源开发和农业基础设施建设的项目，投资规模大、开发周期长、投资风险大，不宜采用独资模式，合资可以使得企业和合资伙伴共担风险，从长期的互利关系中得到稳定的资源供给。因此，合资模式主要是中国企业购买东盟农业生产企业的股份，成为当地企业的股东，共同分享农产品销售和出口的利润，或者中国企业和当地企业建立合资企业，进行农产品的加工。[①] 2016 年 7 月，丰益国际与邦吉公司在越南成立合资公司，邦吉将其越南压榨工厂 45%的股权出售给丰益国际。此项交易完成后，公司的股权架构变为邦吉、丰益国际各持有 45%的股权，另一家越南公司 Quang Dung 持有剩余 10%的股份。Quang Dung 的主要业务是销售豆粕，在越南的市场份额位居前列，同时控股越南的一家饲料企业 Green Feed。在越南市场，邦吉在产业链上游拥有相当的油籽压榨产能，丰益国际在食用油精炼、小包装粮油业务上具有专长，Green Feed 擅长饲料加工和市场推广。合资公司的成立使 3 家拥有各自优势的企业建立起战略合作的关系，可以打通在越南市场从原料到销售的产业链上下游，充分挖掘越南食用油和饲料市场的增长机会，保持低成本优势和高水平运营效率。[②]

4.3 区位选择

由于东盟十国的经济发展水平、劳动力成本、自然资源拥有量、农业技术发展水平等因素存在较大差异，所以开展农业投资需要因国而异。因此，东盟农业投资的区位分析与选择对于企业而言，具有十

① 尹豪，王劲松，杨光，朱晓丽. 民营企业在东盟农业市场的投资行为和特征研究［J］. 世界农业，2014（12）.

② 胡军华. 丰益国际牵手邦吉瞄准越南食用油市场［N］. 粮油市场报，2016-07-09（BOZ）.

分重要的研究价值，有助于企业更好地制定“走出去”战略。根据东盟各国农业发展程度及其在国民经济中的地位，可将东盟国家分为三种类型：第一种是农业发展水平较高的国家，包括马来西亚、泰国、印度尼西亚和菲律宾；第二种是农业发展水平较低的国家，包括越南、老挝、缅甸和柬埔寨；第三种是农业资源缺乏的国家，包括新加坡和文莱。

4.3.1　第一种类型国家

东盟第一种类型的国家是马来西亚、印度尼西亚、泰国和菲律宾。这些国家依托相对较高水平的工业，农业也较为发达，是东盟的主要农产品出口国。其中，泰国农业出口占总出口比重在东盟国家中是最高的。泰国是世界三大谷仓之一，大米出口长期稳居世界第一位，也是世界最大的橡胶生产国和木薯出口国。马来西亚主要发展橡胶、棕榈、椰子等经济作物，是世界上最大的棕榈油生产、出口国，世界第三大橡胶生产国。印度尼西亚的胡椒、金鸡纳霜、木棉等经济作物产量居世界首位，天然橡胶、椰子产量居世界第二。菲律宾的农业优势主要表现为经济作物，椰子、蕉麻、甘蔗、烟草等产品在国际市场具有重要地位。

4.3.2　第二种类型国家

东盟第二种类型的国家是越南、老挝、柬埔寨和缅甸。耕地资源丰富、开发潜力巨大是第二类东盟国家的重要特征。据统计，2011 年柬埔寨、老挝和缅甸的人均可耕地面积分别为 0.28 公顷、0.22 公顷和 0.22 公顷，均超过同期世界人均可耕地面积（0.20 公顷）。① 老挝气候条件优越，极其适合粮食、经济和热带水果的种植，并且其天然森林覆盖率在东盟国家中居第二位，人均木材蓄积量居世界首位。柬埔寨所处

① 根据联合国粮农组织（FAO）统计数据计算。

的地理位置及气候条件具有发展橡胶业独特的天然条件，种植业以水稻、木薯、天然橡胶为主，森林资源丰富。缅甸是世界三大谷仓之一，其禾谷类和豆类作物耕作面积在东盟国家中最大，也是重要的出口农产品。越南的农林渔业资源十分丰富，耕地及林地约占国土总面积的60%，是世界上最大的黑胡椒和腰果出口国，也是世界第二大粮食和咖啡出口国，还是世界第四大橡胶生产国。

4.3.3 第三种类型国家

东盟第三种类型的国家是指农业资源稀少但经济发达的新加坡和文莱两国。农业在国民经济中比重极小，新加坡只保留了一小部分高价值农业，如热带花卉种植及观赏用热带鱼饲养等，文莱仅种植少量水稻及热带水果。

4.3.4 东盟各国在中国农业对外投资体系中的角色定位

根据东盟各国农业比较优势，中国应结合自身特点，以农业“十三五”发展规划目标为基准，对东盟各国在未来中国农业对外直接投资体系中所扮演的角色进行准确的定位。中国农业发展受到耕地与自然资源的严重约束，短缺的战略性农产品资源，如粮食、天然橡胶、棕榈油、木材等将成为农业对外直接投资的重点领域。此外，在转变农业发展方式为主线的指导思想下，中国也可利用在农业机械、化肥、农药、果苗等农资及杂交水稻、农业生物开发、病虫害防治等农业技术方面所具有的相对优势，将对外投资领域由种植业朝附加值更高的农产品深加工及农业基础设施方向拓展。

（1）耕地开发型。包括柬埔寨、老挝与缅甸。这些国家自然资源丰富，农业在国民经济中具有核心地位但发展滞后，耕地亟待开发，且三国对外资进入本国农业都持积极支持态度，政治与社会环境日趋稳定，今后应成为承接中国农业转移的重点区域。柬埔寨鼓励对创新和高科技产业、农业及加工业、各省及农村发展等重点领域进行投资；老挝规定，除危及国家稳定，严重影响环境、人民身体健康和民族文化的行业和领域外，鼓励外国公司及个人对各行业各领域投资；缅甸外资法允许外国投资者从事农业、畜牧业与渔业、林业。中国可加大对这三国的投资力度，加强生产合作开发，大力发展粮食、豆类、橡胶种植业与加工业投资。

（2）战略农产品加工型。包括泰国、马来西亚、印度尼西亚、菲律宾和越南。这些国家农业发展水平相对较高，具有天然橡胶、棕榈油等战略性农产品的比较优势，但除了泰国和越南，其余三国的耕地数量并不充裕。因此，投资重点应放在积极开展境外农产品加工、物流、服务等关联产业的合作开发，以提高经营效益，促进中国农业产业升级，提高国际竞争力。具体而言：①泰国。其对外资进入农业限制较多，但将农产品加工、食品加工、橡胶、生物技术等作为优先发展产业，中部地区重点发展农业水利、生物、经济作物加工等领域，因此可将橡胶与木薯加工业作为中国农业投资对象。②马来西亚。其将经济作物种植、深加工、渔业及林产品深加工作为优先发展产业，对进入棕油、橡胶等原材料领域、农渔业以及出口导向型的生产企业和高科技领域的外资持鼓励态度，中国可考虑重点在马来西亚发展棕榈油与橡胶加工业。③印度尼西亚。其目标是加速发展农业，增加对农业产量的需求，促进农产品出口，增大农产品供应量，改善农业技术和提高机械化程度，将生物能源、家禽养殖、渔业、农业生物技术、果蔬种植作为优先发展产业，鼓励外资进入农产品养殖业。中国可考虑在印度尼西亚投资橡胶、棕榈、椰子种植及加工，以及农机生产、生物能源等领域。④菲律宾。菲律宾将农业作为优先发展产业，鼓励外资进入农业、农业综合产业、渔业，中国可在甘蔗、椰子等热带经济作物加工领域进行投资。⑤越南。越南农业发展目标是减少种植业，开发高附加值出口产品，将农林水产品加工作为优先发展产业。鼓励外资进入种植、养殖、农林水产品加工、新的植物和畜禽种子培育等领域。中国可考虑在橡胶、农林水产加工、种子培育、养殖及农资等领域进行投资。

（3）高附加值农产品养殖型。这类国家包括新加坡、文莱。由于其属于非农业国家，中国可以在附加值高的花卉养殖、热带观赏鱼饲养等领域进行投资。

第5章

东盟农业投资重点分析

5.1 东盟农业投资国别分析

5.1.1 缅甸

1. 农业资源

缅甸耕地资源丰富，气候适宜，十分适合作物生长。农作物种植面积为 847 万~1213 万公顷，以水稻、豆类、芝麻种植为主；另有可耕荒地和休耕地约 867 万公顷。① 实皆省、勃固省、曼德勒省、马圭省以及伊洛瓦底省的净播种面积大，土地资源利用程度高，而克钦邦和掸邦的土地资源利用程度低，开发空间较大。②

缅甸全境降水充沛，克钦邦、实皆省西北部，以及若开邦、马圭省、伊洛瓦底省、德林达依省、仰光省、勃固省年降水量在 2500~6000 毫米，曼德勒省、实皆省南部以及掸邦年降水量在 1500 毫米以下，属于缅甸干旱区域。缅甸农业灌溉区域集中在勃固省、曼德勒省、实皆省、伊洛瓦底省、仰光省、马圭省，北部地区基本没有灌溉条件。截至

① Ministry of Agriculture and Irrigation of the Union of Myanmar. 2013 Report on Myanmar Census of Agriculture 2010. Nay Pyi Taw：MOAI.

② Haggblade，S. Boughton，D. A Strategic Agricultural Sectorand Food Security Diagnostic for Myanmar. Food Security International Development Working Papers，Michigan State University，Department of agricultural，Food，and Resource Economics，2013.

2013 年，缅甸耕地总灌溉面积为 211.5 万公顷，占净种植面积的 15.9%。[①]

缅甸劳动力充沛，并且成本相对较低。2013 年，缅甸适龄劳动人口为 3210 万人，实际工作人口 2470 万人，农业从业人口约 1400 万人，占总劳动人口的 56.4%。[②] 截至 2015 年末，缅甸工人平均月工资为 75~150 美元。[③④]

2. 农业产业发展

缅甸农业生产技术落后，农业综合生产能力不强，开发程度不高，基础设施薄弱，抵御自然灾害能力较差，农作物单产增长缓慢。2003—2013 年，缅甸农业总产值基本保持增长态势。2013 年播种面积 184 万公顷，休耕地 44 万公顷，可垦荒地 536 万公顷，保护林地 1831 万公顷，其他林地 1521 万公顷。2013 年农业总产值约占 GDP 的 36%，农产品出口占总外汇收入的 14%。其中，农业增加值中 76%来自种植业，主要粮食作物有水稻、小麦、玉米和高粱；油料作物有花生、芝麻、向日葵等，以及多种豆类作物；经济作物主要有棉花、甘蔗、黄麻、橡胶以及多种蔬菜、水果、调料等。畜牧水产业发展迅速。缅甸肉鸡、猪集约化养殖已具规模，牛羊肉资源丰富。2013 年，缅甸肉类生产量为 228 万吨，蛋 90 亿枚，奶 182 吨。缅甸拥有 2200 千米的海岸线，50 万公顷沼泽，渔业已经成为第四大支柱产业和出口创汇行业。2013 年渔业产量 472 万吨，其中，海洋捕捞 249 万吨，淡水渔业 223 万吨。

（1）种植业

水稻、豆类、芝麻是缅甸三大主要农作物，也是缅甸主要的出口农产品，其农业产值之和占缅甸农业总产值的 59.1%。

① Ministry of Agriculture and Irrigation of the Union of Myanmar. Agriculture Statistics [EB/OL]. Nay Pyi Taw：MOAI.

② 中国商务部．对外投资合作国别地区指南［R］．北京，2014.

③ 商务部网站。

④ 注：2015 年 9 月，缅甸政府将最低工资标准定为 3 美元/日。

①水稻。水稻产值占缅甸农业总产值的42.5%。[①] 伊洛瓦底江三角洲、锡当河河谷以及实皆省伊洛瓦底江流域是水稻主产区。近10年缅甸水稻种植情况见表5-1。2012年以来，缅甸大米的出口能力已经能够保持在每年100万吨以上，2013—2014财政年度，缅甸出口稻米106.6万吨。

表5-1　缅甸2004—2013年水稻收获面积、产量和单产

年份	收获面积（万公顷）	产量（万吨）	单产（千克/公顷）
2004	653.3	2494	3817
2005	738.4	2768	3749
2006	807.4	3092	3830
2007	801.1	3145	3926
2008	807.8	3257	4032
2009	805.8	3268	4056
2010	801.2	3258	4067
2011	756.7	2901	3834
2012	815.0	2808	3445
2013	750.0	2800	3733

资料来源：FAOSTAT。

②豆类。豆类作物是缅甸第二大作物，占缅甸农业总产值的14.8%，也是缅甸第一大出口农产品，占缅甸农产品出口总额的30%以上。[②] 缅甸出产豆类主要有黑豆、绿豆、木豆、鹰嘴豆等。[③] 2013年缅甸豆类作物收获面积270万公顷，总产量380万吨。近10年缅甸豆类生产情况见表5-2。2013—2014财政年度，缅甸豆类出口量138万吨，出口额约9.57亿美元，占缅甸农产品出口总额的36%。

③芝麻。缅甸芝麻产量世界第一，近几年生产规模保持稳定。2013

① Food and Agriculture Organization（FAO）. FAOSTAT.

② Food and Agriculture Organization（FAO）. FAOSTAT.

③ Ministry of Agriculture and Irrigation of the Union of Myanmar. Agriculture Statistics ［EB/OL］. Nay Pyi Taw：MOAI.

年，缅甸芝麻收获面积159万公顷，总产量89万吨（见表5-2）。马圭省和曼德勒省是芝麻的主产区。2013—2014财政年度，缅甸芝麻出口额达3.54亿美元，出口市场主要为日本、韩国和中国等。

表5-2 缅甸2004—2013年豆类、芝麻收获面积、产量和单产

年份	豆类			芝麻		
	收获面积（万公顷）	产量（万吨）	单产（千克/公顷）	收获面积（万公顷）	产量（万吨）	单产（千克/公顷）
2004	207.1	186	900	132.8	54.2	408
2005	218.4	218	996	133.8	50.4	377
2006	239.4	250	1045	118.7	69.0	581
2007	253.6	281	1110	136.7	78.1	571
2008	272.5	322	1181	143.1	84.0	587
2009	271.9	338	1241	156.9	85.3	544
2010	271.0	353	1303	163.2	86.8	532
2011	271.2	375	1383	159.4	90.1	565
2012	275.0	390	1418	157.0	87.0	554
2013	270.0	380	1407	159.0	89.0	560

资料来源：FAOSTAT。

④其他作物。除上述作物外，缅甸的主要作物还有甘蔗、橡胶。2009—2013年，缅甸甘蔗收获面积变幅不大，保持在15万~16万公顷，总产量保持在940万~1000万吨；2012年橡胶收获面积20万公顷，总产量15.2万吨，比2003年增长了2.9倍，连续3年超过10万吨。[①]德林达依省、孟邦、克伦邦、伊洛瓦底省、仰光省、若开邦和勃固省东部是橡胶主产地。

（2）畜牧业

缅甸畜牧业产值占农业总产值的20.8%，畜牧养殖区域主要分布在伊洛瓦底省、勃固省、马圭省、实皆省、曼德勒省、掸邦西部以及仰光省南部等地。2003—2012年，缅甸的鸡肉、猪肉产量增长明显，其中

① Food and Agriculture Organization (FAO). FAOSTAT.

鸡肉产量2010年以来连续3年超过100万吨，猪肉产量也保持快速增长，2012年达到62万吨，比2003年增长了180%。

（3）渔业

缅甸有2832千米的海岸线，陆上沙滩有22.878万平方千米，沿海鱼、虾捕捞区总面积为22.5万平方千米，鱼、虾储藏量为17.6万吨，在不毁坏资源的情况下，年捕捞量可达105万吨，是东南亚国家中渔业资源最丰富的国家之一。渔业经济在缅甸国家经济和社会发展中占有重要地位，水产品是缅甸民众主要的动物蛋白消费来源，水产品消费量占到其家庭月平均消费量的12%。[①] 缅甸渔业分为海洋渔业、内陆渔业和水产养殖业3类。其中，海洋渔业专属经济区面积48.6万平方千米，海洋渔场集中在若开邦海岸、伊洛瓦底江入海处的三角洲以及南部海岸。缅甸内陆渔业主要提供人们日常生活所需的淡水鱼。在水产养殖方面，缅甸水域清洁，未受污染，是缅甸水产养殖业发展的巨大优势。近年来，受益于国内需求增加和水产品贸易的潜力，缅甸水产养殖业获得较多投资，养殖水域面积和总产量增加速度较快，虾和淡水鱼等养殖面积达到2.7万公顷。[②] 此外，缅甸渔业受资金、饲料供应、技术、养殖与加工水平等因素的限制，水产养殖潜力尚未充分释放。

（4）林业

缅甸森林覆盖率为48%，林地面积3177万公顷，林木蓄积量约为150万立方米。[③] 缅甸可供采伐的柚木面积约610万公顷，柚木潜在年产量约20万吨，其他各种硬木潜在年产量约130万吨。缅甸是林木及木材制品出口大国，2013—2014财政年度，柚木、硬木及林产品出口额9.47亿美元。原木出口主要目的地是印度和中国，家具出口的主要市场为美国和欧盟。近年来，缅甸的森林资源耗损较为严重，森林面积

① 刘宝祥．缅甸渔业现状［J］．现代渔业信息，2011（5）：22-26.

② 刘宝祥．缅甸渔业现状［J］．现代渔业信息，2011（5）：22-26.

③ Food and Agriculture Organization（FAO）．The Global Forest Resources Assessment 2010.

年平均减少31万公顷。为保护森林资源，缅甸从2014年4月1日起全部停止原木出口，但是鼓励木材制品、板材及家具出口以及外资进入木材加工行业。①

（5）农机、化肥

缅甸农业机械发展水平不高，主要以小型农机为主，包括农用拖拉机、联合收割机、脱粒机、动力耕整机等。农业机械在数量上与缅甸的农业国地位、农业创造的产值以及从事农业种植的劳动力都极不匹配。为了推动以农业为基础的各产业发展，缅甸正采取措施加速农业机械化进程，计划将农机化水平从现在的23.34%提高到2030年的75%。通过不断进口和生产农机具，逐年提高农业机械化作业程度，特别是水稻生产机械化。作为东南亚水稻生产的重要国家，缅甸急需水稻全程机械化设备。可以预见，缅甸将是未来重要的农机战略市场。

目前缅甸的经济发展水平尚低，但可开发农业资源丰富，稻米、豆类、油料、食糖、橡胶等大宗农产品出口潜力较大。随着中国农产品需求刚性增长，耕地、淡水等农业资源约束进一步加剧，中国企业可发挥自身在农业技术、装备和资金等方面的优势，积极参与缅甸农业开发，开展农业生产、加工、仓储、物流等全产业链投资合作，这样既可解决缅甸农业发展和农民脱贫问题，又可使其成为保障中国农产品有效供给的储备基地。

5.1.2 老挝

1. 农业资源

老挝位于中南半岛东北部，和中国云南省接壤。国土面积23.68万平方千米，人口670多万，是东南亚人口密度最小的国家。老挝地形南北长东西窄，多为山地和森林，境内80%为山地和高原，且多被森林覆

① 刘祖昕．缅甸农业发展现状与中缅农业合作探析［J］．世界农业，2015（9）：196-201.

盖，北高南低。湄公河自北而南穿越老挝，途经老挝1800多千米，被老挝人称为“母亲河”。每到雨季，湄公河泛滥时，给两岸带来了肥沃的土壤。平原主要分布在万象以南的湄公河沿岸，潜在耕地面积约800万公顷。

老挝为典型的传统农业国。2014年农林生产总值约为26.42亿美元，占国内生产总值的23.2%。2014年农业用地面积约470万公顷，主要农产品有稻谷、红薯、豆类、烟叶、花生、水果、棉花、木薯、玉米等，咖啡出口量较大。

2. 农业产业发展

（1）种植业

老挝的地理条件适宜农作物的生长，拥有山地、高原、丘陵、平原、低谷等多种地形，有湄公河及其支流以及南马河、南桑河、南明河上游段等多条河流，有多种类型的土壤，其中包括大面积的土质优良的腐质土、砖红壤性土和红壤土、黑色石灰土、冲击土和潜育土等。老挝所处的地理位置、地形条件和大气环流造就了老挝典型的热带季风气候，即全年明显区分为干、湿两季，除北部高山地区外，各地气温相差不大，全年湿热、雨量丰沛、湿度较大，云雾较多。这样的气候条件适宜农作物及各种植被的生长。老挝的沙湾拿吉平原、巴色平原、万象平原、北汕平原、查尔平原、班班平原、琅勃拉邦谷地、他曲谷地、孟新盆地、南塔盆地、孟赛盆地、孟洪盆地、孟洪沙盆地、万荣谷地等，总面积约431.4万公顷，这些平原谷地适宜水稻和其他经济作物生长。①

老挝的主要农作物是稻谷和玉米。稻谷种植面积占全国农作物种植面积的85%，主要分布在万象地区、沙湾拿吉省、沙拉湾省和占巴色省等，其中南部三省稻谷产量占总产量的40%。由于农田水利等基础设施薄弱，抵御自然灾害的能力较弱。大部分农户没有进行田间管理、施肥

① 方芸．老挝农业发展现状及前景［J］．东南亚，2005（1）：39-43.

和锄草等意识，单位面积产量在东南亚国家中是最低的。玉米是老挝的第二大农作物，老挝种植的玉米主要分为普通玉米和糯玉米两种。[①] 老挝的经济作物主要有大豆、绿豆、咖啡、茶叶、烟草、花生、甘蔗、橡胶、棉花、糖棕和椰子等。老挝热带和亚热带果木品种繁多，主要有椰子、菠萝、橙子、橘子、黄果、杧果、葡萄柚等。[②]

表 5-3　2012 年缅甸主要粮食作物和经济作物的种植面积及产量

作物名称	种植面积（万公顷）	单产量（吨/公顷）	总产量（万吨）
旱稻	68. 8	3. 76	258.7
晚稻	10. 7	4. 9	52. 4
早稻	13. 9	1. 83	25. 4
玉米	17. 4	4. 85	84. 4
糯玉米	2. 3	3. 25	7. 5
黄豆	1. 5	1. 74	2. 95
木薯	1. 3	14. 8	15. 5
咖啡	5. 7	1. 53	8. 7
烟叶	0. 6	10. 5	4. 95
棉花	0. 3	0. 95	0. 23
甘蔗	1. 7	40	70. 3

资料来源：中国驻老挝使馆经商处。

（2）林业

老挝森林资源十分丰富，森林面积 1700 万公顷，森林覆盖率高达 50%，林木种类有 2300 余种。老挝是世界各国中珍贵木材最多的国家之一，储量较大的有柚木、乌木、檀香木、沉香木、红豆杉、花梨木等。其中，尤以柚木最为有名，储量占世界的 60%，采伐量占世界的 75%，是世界柚木储量和采伐量最大的国家。老挝的药材种类也很多，主要有砂仁、金鸡纳霜、沉香、肉桂、檀香、阴香、安息香、杜仲、苏

① 董向诗杰．老挝农业及经济社会发展情况［J］．当代经济，2015（17）：114-115.

② 新华网．老挝农业概览，http：//www. yn. xinhuanet. com/live/2007 - 10/09/content _ 11350596. htm.

木、何首乌、黄连、美登木、莱木、鸡血藤、大血藤、紫胶等。

（3）畜牧业和渔业

老挝的川圹高原、虚实高原、甘蒙高原、菠萝芬高原和西北低山丘陵区，总计有150万公顷草场，是发展大规模家畜生产的天然牧场。加上气候湿润，牧草终年常青，饲料非常丰富，使得老挝拥有发展水牛、黄牛、山羊、绵羊、生猪等牲畜饲养的优越自然条件。同时，老挝还有200万公顷以上的荒地可以开垦为杂粮种植地，以及包括竹林、果园、草场等在内的天然饲养场，具有发展大规模家禽养殖的自然优势。

同样地，老挝在渔业上也具有比较优势。湄公河纵贯老挝全境，流域面积213060平方千米，支流100余条，水库、湖泊、沼泽遍布全国，是发展水产养殖的天然场所。老挝水产主要有鲤鱼、鲻鱼、攀鲈鱼、鲇鱼、鳅鱼和巴勒鱼、鳄鱼等。在老挝，71%的农业家庭由于季节原因兼职养鱼。通过选用适当鱼苗繁育和学习先进的饲养技术，老挝的鱼产品也能出口到邻国。

5.1.3 越南

1. 农业资源

越南位于中南半岛东部，是一个传统的农业国家。位于越南北部的红河平原地势平坦，面积约1.5万平方千米，水系发达，灌溉条件好，是越南农作物的主产区之一；地处越南南部的湄公河三角洲，土壤肥力较强，且面积几乎是红河平原的4倍，也是越南农产品的主产区。红河三角洲与湄公河三角洲的自然条件好，开发时间较长，适宜农作物生长，是越南主要的产粮基地，在越南农业经济中所处的地位极为重要。

越南的气候属于热带季风气候，雨季多雨，年平均气温为23℃~27℃，湿度常年偏高，约为84%，年均降水量1800~2000毫米，大部分地区5—10月为雨季，全境年平均日照时间为1200~1900小时。越南境内河流密集，多为西北—东南流向，其中主要河流为湄公河和红河，均为跨境河流。

广阔的土地、适宜的气温、长时间的日照和充沛的降水量为越南农业发展创造了优越的自然条件。越南农业以种植业为主，其生产的主要作物包括稻米、玉米、腰果、胡椒、橡胶、咖啡和茶叶等。这些农产品在对外交流中表现十分活跃，与全球多个国家在农产品进出口领域都有贸易往来（见表5-4）。部分主力出口农产品入围世界出口量最多排行榜，如腰果和胡椒位居世界第一，咖啡和木薯排名世界第二，大米和水产品出口量排名世界第三，木材和木制品排名世界第四。

表5-4　2014年越南主要农产品进出口国家情况　　单位：个

农产品种类	主要进口国家数	主要出口国家数
大豆	4	—
棉	12	—
橡胶制品	14	28
植物油脂	11	—
木材	22	38
新鲜果蔬	13	23
腰果	4	—
小麦	7	—
玉米	6	—
乳制品	17	—
咖啡	—	44
茶叶	—	16
稻米	—	27
水产品	—	35
胡椒	—	26
藤条、竹、灯芯草	—	20
木薯类	—	6

资料来源：越南统计局。

2. 农业产业发展

（1）种植业

越南主要种植水稻、玉米、高粱、豆类、木薯等粮食作物。稻谷是其主要粮食作物，主要分布在红河三角洲、湄公河三角洲及沿海平原地区。相对于其他作物来说，水稻占地面积大，投入资金多，产量也相对较高，是越南农产品出口贸易的重中之重。据越南农业与农村发展部称，2013 年越南农产品总出口额约 131 亿美元，其中仅稻米一项就达到 66. 8 亿美元的出口额，约占越南当年农产品总出口额的 50%。

越南的经济作物主要有橡胶、茶叶、咖啡、胡椒、腰果等。橡胶是越南最重要的经济作物之一。2015 年，越南橡胶种植面积约 97. 9 万公顷，橡胶加工企业有 99 家，橡胶片年产量为 120 万吨。2012 年起，越南橡胶出口量居世界第三位。与此同时，越南橡胶进口量每年增长 2. 24%，主要用于加工再出口，加工后约 60%出口到中国，40%内销。

越南全国种植咖啡的省份达 17 个，主要产区是多乐省、义安省和河静省。2014—2015 年咖啡种植面积达到 63. 7 万公顷。2014 年越南咖啡产量为 2740 万袋，2015 年为 2860 万袋，2016 年预计咖啡产量将为 2930 万袋。咖啡是越南仅次于大米的第二大出口创汇的标志性农产品。据越南可可协会称，越南咖啡现已出口到 88 个国家和地区，仅次于巴西，居世界第二位。

越南是世界十大茶叶出口国之一，拥有 10 万多公顷茶叶田，其中已种植的面积为 7. 5 万公顷。茶叶工厂有 600 多家，生产的主要是绿茶和红茶，二者比例为 4 : 6，红茶主要用于出口，绿茶则主要用于国内消费。越南已向 60 多个国外市场出口茶叶，最大的市场是中东、俄罗斯和其他东欧国家、日本和中国台湾。目前越南种植茶叶的土地有一半以上的年龄不超过 25 年，如果搞好土壤保护，越南茶叶的产量和质量还会有大幅度的提高。

越南腰果出口量已连续 10 年位居世界第一位，全球腰果出口量的一半是由越南加工的。尽管越南腰果产业形势喜人，但是也面临着挑战，越南腰果产业原材料主要依赖进口，原生腰果产量仅满足40%的需求，剩下的原材料需要从非洲、印度尼西亚和柬埔寨进口。同样地，越南的胡椒产量和出口量也居世界领先地位。越南的胡椒出口量占世界销售市场的50%，出口国家达100多个，新加坡、阿拉伯联合酋长国、美国是越南胡椒最大的买家。

目前越南的水果与蔬菜已经出口到50多个国家和地区，以亚洲为主要市场，近年来也打入如美国和日本等高端市场。2014年水果与蔬菜的出口额达到14.7亿美元，种植面积增加到130万公顷，并克服了原料、食品安全、收获后的技术困难。越南受欢迎的热销出口产品包括杧果、菠萝、龙眼、香蕉、大蒜和蘑菇等。[①]

（2）林业

越南林业资源丰富，1340万公顷的森林约占全国土地总面积的37%。森林中植物品种近7000种，包括铁松、玉桂、花梨、红木等近20种贵重木材。越南还有近50万公顷的沿海水上森林，其中明海省所拥有的水上森林面积位居世界第二。据越南胡志明市手工业和木材工业协会报道，越南已经成为继中国、德国和意大利之后的世界第四大木材和木材制品出口国。2015年木材和木材制品出口额为69亿美元，同比增长10.7%；其中，木材制品的出口额为43亿美元，同比增长7.8%。美国、中国、日本和欧盟一直是越南的木材和木材制品最大的出口市场。此外，越南还拥有非常丰富的药材资源。

（3）水产业

越南东、南两面临海，拥有3260千米漫长的海岸线，分布着1200种鱼、70种虾，仅北部湾就有900种鱼，中部沿海、南部东区沿海和暹罗湾等海域，每年的海鱼产量都达数十万吨，是世界排名第五的水产出口国。越南全年平均气温约为25℃，对于海洋生物的生长和繁殖极

① 郑淑娟．越南蔬菜和水果出口量快速增长．www.intellasia.com，2015-4-23.

为有利。越南境内连绵的湖泊和密布的江河为海洋水产的自然生长和人工养殖提供了良好的条件。目前，越南共建有 30 多个大型渔场，著名的渔场有九龙江口和富国岛周围的渔场、平顺渔场、藩切渔场和北部湾西部的一些渔场。越南的水产品出口一直保持着良好的增长势头，2015 年越南水产品出口额为 67 亿美元，预计 2016 年鲶鱼出口额达到 15 亿美元，虾、金枪鱼和鱿鱼、章鱼的出口有望在 2016 年分别达到 33 亿美元、5. 07 亿美元和 4. 7 亿美元，同比分别增长 12%、8%和 10%。

（4）农机和农药

据 2012 年越南相关统计数据显示，越南国内有近 50 万台拖拉机，近 18 万台收割机等农机设备，但远远不能达到国内农业生产活动所需要的数量，其中有些农用机械设备还存在年代久远、需要更新等问题。由于越南的农业机械技术相对落后，农机产品种类单一且产量不足，因此农机产品的需求仍存在巨大的缺口。

越南是世界上最大的水稻种植国之一，而虫害则是水稻种植过程中最主要的危害，因此越南在水稻上的农药用量是非常巨大的。同样，由于越南水果和蔬菜产量很高，其农药的使用量也是非常大的。据专家预测，2015—2020 年，越南的农药市场有望以 4. 4%的复合增长率增长，达到 12 亿美元。按农作物的种类划分，农药市场中谷物占比最大，其次是水果、蔬菜以及油菜和其他部分。目前，在越南市场上，一些跨国公司包括巴斯夫、爱利思达、拜耳、越南 Fumigation 股份有限公司以及 HAI 农化股份有限公司已扮演了非常重要的角色。[①]

5. 1. 4 柬埔寨

1. 农业资源

柬埔寨位于中南半岛南部，国土面积为 18 万平方千米，人口为

① 2020 年越南农药市场有望达到 12 亿美元［J］. 环球博览，2016（10/30）：45.

1518万，农业人口约占总人口的80%。农业是柬埔寨经济的第一大支柱产业，主要农产品有稻谷、玉米、豆类、薯类等。种植业以水稻为主，还有多种特色经济作物，包括橡胶、棉花、胡椒、腰果、热带水果、花生、甘蔗、棕糖、烟叶和剑麻以及各类蔬菜。除种植业外，水产业和畜禽养殖业的产值在农业中也占一定比例。

2. 农业产业发展

(1) 种植业

稻谷是柬埔寨的主要农作物，占柬埔寨全年农产品产量的90%，种植面积占全部耕地面积的80%以上。2012年柬埔寨水稻种植总面积约为299万公顷，年收获稻谷约931万吨，单产为3.11吨/公顷（见表5-5）。其中，水稻产量717.6万吨，单产量为2.8吨/公顷；旱季稻产量213.4万吨，单产量为4.4吨/公顷。前五大稻谷主产区为波罗勉省118万吨、茶胶省114万吨、马德望省86万吨、磅湛省81万吨和磅通省68万吨。[①]

表5-5　2005—2012年柬埔寨水稻种植面积、单产及稻谷产量

年份	种植面积（万公顷）	稻谷产量（万吨）	单产（吨/公顷）
2005	241.45	598.61	2.48
2006	251.64	626.41	2.49
2007	261.34	672.7	2.62
2008	265	717.55	2.75
2009	279	734.9	2.77
2010	279	824	2.95
2011	321	842.7	2.61
2012	299	931	3.11

目前，柬埔寨实现了粮食自给，并有较大数量的出口。据柬埔寨农业部发布的数据显示，2015年柬埔寨稻谷总产量为992.7万吨，大米

① 黄璐，张洪烈．柬埔寨发展稻米产业吸引中国企业投资的环境及对策研究［J］．经济研究导刊，2014（9）251-253.

出口量为53.84万吨，比2014年的38.71万吨增长了39.1%。柬埔寨出口的大米品种共有9种，分为香米、普通白米和长粒蒸谷米三类。其中，香米出口量占比多达51%。柬埔寨出口至中国的大米最多，占出口总量的20%，其后依次为法国、波兰和马来西亚，占比分别为14%、11%、11%。

柬埔寨地处亚热带且拥有肥沃的红土地，气候条件适宜橡胶树的生长，具有发展橡胶业独特的天然条件。橡胶业是柬埔寨农业经济的重要增长点，占出口物资的第二位。为促进橡胶业的发展，柬埔寨政府大力实施家庭种植橡胶树工程，鼓励成立橡胶种植户合作社，通过提供贷款鼓励农民种植橡胶树，无偿培训种植和管理技术。在柬埔寨政府的科学管理下，橡胶业发展较快。2016年柬埔寨全国橡胶种植面积为39万公顷，其中家庭橡胶种植面积为15万公顷，占总面积的45%。[①] 2015年柬埔寨天然橡胶出口超过12万吨，2016年天然橡胶出口量有望达到14万吨。

（2）林业资源

柬埔寨森林资源丰富，森林覆盖率高达61.4%，木材种类达200多种，盛产贵重的热带林木如柚木、铁木、紫檀、黑檀等。森林中还出产许多药用植物和林副产品，如豆蔻、沉香、藤黄、胖大海、马钱子、桂皮、檀香和树脂、藤、樟脑、漆、桐油等。由于多年来的乱砍滥伐，柬埔寨的森林体系遭到严重破坏。政府出于保护环境和可持续发展的考虑，以及迫于国际社会和非政府组织的强大压力，已经严格执行森林开采禁令，木材出口也受到严格限制。

（3）畜牧资源

柬埔寨的畜牧业以牛、猪为主，家禽次之，羊、马再次之。柬埔寨每年都有几万头牲畜用于出口，是东南亚少数几个牲畜输出国之一，也是东南亚按人口平均占牲畜头数最多的国家，但还没有成规模的牲畜饲

① 摘自柬埔寨《高棉日报》，2016-04-22.

养业。柬埔寨气候条件较好，发展畜禽养殖具有良好天然条件，也是柬埔寨农业尚待开发的领域。

（4）渔业资源

柬埔寨淡水资源较丰富，2012 年淡水渔业的产量达到 40 万吨，仅次于中国、印度和孟加拉国，在世界各国中排名第四。其中，洞里萨湖是世界著名的天然淡水渔场，也是东南亚最大的渔场，素有“渔湖”之称，盛产乌鱼、花斑、壳鱼等。水产业是柬埔寨农业的重要组成部分，460 千米长的海岸线为海洋捕捞及海产养殖提供了良好的自然条件。

5.1.5 印度尼西亚

1. 农业资源

印度尼西亚是东盟面积最大的国家，也是东盟最大的经济体。国土面积 190.46 万平方千米，人口 2.55 亿。印度尼西亚是世界上岛屿最多的国家，素有“千岛之国”的称号，又因其丰富的自然资源成为当之无愧的“热带宝岛”。农业是印度尼西亚的传统支柱产业。全国耕地面积 8000 万公顷，占国土面积的 38%，其中农业用地面积 6560 万公顷，占国土面积的 31%；农业产值占国内生产总值的 14.3%；农业劳动力占全国劳动力总量的 43.3%。

2. 农业产业发展

（1）种植业

粮食作物是印度尼西亚种植业的基础部门，占农业总产值的 46.2%。其中，以水稻为主，玉米、木薯、大豆等产值也比较高。根据印度尼西亚的官方数据，2015 年印度尼西亚稻谷产量为 7490 万吨，约合 4361 万吨大米，同比增长 5.8%。其他主要粮食作物收成情况是：玉米产量 1300 万吨，需进口 300 万吨；大豆产量 98 万吨，需进口 150 万吨。这些供给缺口显示，印度尼西亚实现粮食自给自足尚需时日。

印度尼西亚是仅次于巴西的世界第二大热带作物生产国，经济作物不仅品种繁多，而且产量在世界上名列前茅。印度尼西亚的胡椒和金鸡纳霜的产量居世界首位，天然橡胶、棕榈油、可可、椰子产量居世界第二位，咖啡产量居世界第四位。印度尼西亚也是世界上水果的主要生产国和出口国，主要出口榴梿、山竹、杧果、香蕉、菠萝、木瓜等热带水果。

（2）林业

印度尼西亚森林资源十分丰富，森林面积为1.2亿公顷，其中永久林区1.12亿公顷，可转换林区80万公顷，森林覆盖率为52%。印度尼西亚盛产各种热带名贵树种，如铁木、檀木、乌木和柚木等均驰名世界，尤其是热带红木闻名于世。

印度尼西亚是继中国和印度之后亚洲第三大产竹国。印度尼西亚的竹资源有25属160个种，占世界竹种的5%。印度尼西亚约有473万农户种植竹子，大约有3800万丛竹子，大约有74%的竹林、约2800万丛竹子是可以砍伐的。印度尼西亚竹材利用可分为两种，即传统利用和工业化利用。传统利用主要是指竹子建筑、竹日用品、手工艺品及与宗教相关的产品，工业化利用主要包括竹筷、竹牙签、竹浆造纸、竹花签、竹家具、竹胶板和笋罐头等。随着技术的进步，印度尼西亚也开始生产一些附加值较高的竹产品，包括竹纤维的衣服、袜子、竹薄板、竹生物质燃料及竹液等。此外，印度尼西亚还盛产藤，生产的藤制家具畅销欧美市场，2015年的出口额高达28亿美元。

（3）渔业

印度尼西亚海岸线全长约35000千米，内陆河流众多，海洋和淡水渔业资源都十分丰富，水产业潜力巨大。苏门答腊岛东岸的巴干西亚比亚是世界著名的大渔场。海洋渔业捕捞量增加很快，如金枪鱼产量已跃居亚洲首位，位居世界前列。内陆渔业逐步从捕捞转向养殖，其海水和淡水养鱼池以及稻田养鱼面积日益扩大。

5.1.6 马来西亚

1. 农业资源

马来西亚国土面积约为33万平方千米，分为东马来西亚和西马来西亚两个互不相连的部分。马来西亚属热带雨林气候，全年无明显季节变化。农业以种植业为主，渔业也有一定规模。2014年实现农业产值2893.71亿令吉，占国民生产总值的26.15%，农业就业人口337万人。

2. 农业产业发展

(1) 种植业

由于马来西亚农业主要是发展经济作物，粮食生产比较薄弱，长期不能自给，每年都需要进口大量的农产品。如小麦和大豆全部依靠进口，玉米产量极少，主要从中国、泰国、缅甸、阿根廷等国家进口。水稻是马来西亚重要的粮食作物，但是长期以来，水稻产量只能满足国内约60%的需要，差额需要从邻国特别是泰国进口。①

马来西亚大力发展以棕榈油为首的经济作物，是世界上最主要的棕油及相关制品的生产国和出口国，产量和出口量约占全球总量的50%。2014年，马来西亚油棕种植面积达到485万公顷，棕榈油产量达到1699万吨，其中1666万吨出口国外，创外汇约620亿美元。②

马来西亚还是全球第三大天然橡胶生产国和出口国，第一大橡胶手套、橡胶导管及乳胶线出口国，第五大橡胶消费国。2013年，天然橡胶产量为83万吨，橡胶出口84.6万吨，主要出口国家（或地区）为中国、欧盟、中东、美国、巴西和韩国等。

马来西亚地处热带雨林地区，也盛产各种热带水果，如龙眼、山竹、荔枝、椰子、木瓜、杧果、榴梿、黄梨、波罗蜜、阳桃、红毛

---

① 陈军军．马来西亚农业发展现状及主要经济作物［J］．时代农机，2015（4）：107-108

② 黄慧德．马来西亚油棕业概况［J］．世界热带农业信息，2017（7）：39-45.

丹等。

（2）林业

马来西亚森林资源极为丰富，森林覆盖率62%以上，原始森林1949万公顷，其他树木种植地480万公顷，永久性保留林地1539万公顷。马来西亚盛产热带硬木，2015年木材和木材产品出口额为217亿令吉，比2014年的204亿令吉增加了6.3%。同时，马来西亚是全球第十大家具出口国。[①] 马来西亚政府要求家具工业加强合作，协力完成国家木材工业政策所制定的2020年木材和木材产品出口创汇530亿令吉的目标。

（3）渔业

马来西亚的捕捞和深海养殖业非常发达，海洋捕捞渔业产量总体呈上升趋势。捕捞的种类主要有：各种海洋鱼类、鲭鱼、罗氏圆鲹、鲱科鱼、鳀类、金带细鲹、鲔等。[②]

5.1.7　菲律宾

1. 农业资源

菲律宾国土面积30万平方千米，有大小岛屿7107个，也被称为“千岛之国”。全国1亿人口，有1/3在农村，农业产值占GDP10%以上。水稻和玉米是菲律宾主要的粮食作物，经济作物有椰子、甘蔗、菠萝、香蕉、杧果、咖啡豆、烟叶、马尼拉麻等。

菲律宾属热带海洋性气候，全年平均降雨量2300毫米，平均气温27℃，平均相对湿度81%~83%，光照强度15~20兆焦。不仅雨量充沛，气候温和，而且无高温和低温胁迫，生产上无严格的播种期概念，

---

① 马来西亚农业生产和出口贸易概况．广西农业科技信息网，http：//www.gxast.net/News_View.aspx？SubWebItemNo=003006&id=36。

② 韩杨．中国南海周边国家和地区海洋捕捞渔业发展趋势与政策［J］．世界农业，2016（1）：102-107.

具备农业生产得天独厚的自然条件。

2. 农业产业发展

（1）种植业

水稻和玉米是菲律宾重要的粮食作物。菲律宾一般习惯种植双季稻，即旱季稻（在1~6月间）和雨季稻（在7~12月间）。三季稻种植的水热条件完全具备，但在生产上非常少见。2007—2014年，菲律宾水稻种植面积维持在427万~475万公顷，平均单产保持在3.59~4.0吨/公顷。与我国水稻生产水平相比，菲律宾仍有较大差距，单产一般低40%~50%。主要原因是：新品种（特别是杂交稻品种）应用面积小，养分投入不足，耕作管理粗放，病虫害防治不到位等。随着菲律宾人口膨胀，加上水稻生产又停滞不前，以致形成了严重的大米短缺问题，需要依赖进口弥补消费缺口。自2008年起，菲律宾成为全球第一大稻米进口国。尽管菲律宾政府实施了“大米自给计划”，然而该计划至今也未能实现。目前，菲律宾玉米的年产量在770万吨左右，但由于畜牧业的迅速发展，对玉米的需求量不断增加，因此也只有靠进口来平衡供给。

菲律宾有“太平洋上的果篮”之称，种植的主要水果有香蕉、菠萝、杧果、小绿柠檬、榴梿、椰色果、橘子、山竹、柑橘、木瓜、红毛丹、罗望子和西瓜。从种植面积和产出指标衡量，香蕉、杧果和菠萝产业优势明显，可称为菲律宾三大主产热带水果，三者种植面积和产出分别占总量的87.8%和95%。同时，菲律宾非常重视水果的直接出口和加工出口，经过多年发展，可保持经常出口的产品包括鲜菠萝、菠萝干、鲜杧果、杧果干、鲜香蕉、香蕉干、香蕉片和鲜木瓜。2010年，各类果品出口总量为178万吨，出口总额为4.08亿美元。其中，第一位的鲜香蕉出口量为159万吨，出口额为3.19亿美元，分别占总量的89.3%和78.2%；第二位为鲜菠萝，出口量和出口额分别占总量的

9.3%和10.3%；鲜杧果居第三位，出口量和出口额分别占总量的1.1%和3.7%。①

椰子、甘蔗、马尼拉麻和烟草是菲律宾的四大经济作物，其中椰子产量和出口量均占全世界总产量和出口量的六成以上。同时，菲律宾还是全球第八大甘蔗生产国，2015—2016年度原糖出口量预计为15万吨。

（2）畜牧业

随着人口的不断增长，消费偏好的改变以及进口自由化的发展。近年来菲律宾畜禽产品需求量大为增加，直接推动了国内商业化畜禽养殖的兴起，尤其是生猪和养鸡产业得到快速发展。据菲律宾农业统计局资料显示，2010年初菲律宾水牛存栏332.03万头，牛存栏259.60万头，羊存栏420.37万头，生猪存栏1339.78万头，鸡1.59亿只，鸭1037.02万只。2010年，生猪产值占菲律宾畜禽总产值的比重为38.04%，鸡产值占畜禽总产值的39.16%。

（3）渔业

菲律宾四面环海，有漫长的海岸线和广阔的海域，渔业资源丰富，鱼类品种繁多。过去菲律宾的渔业比较落后，20世纪60年代以来，由于政府开始重视发展渔业，菲律宾一度成为东南亚第二大渔业国。无论是远海、近海渔业，还是其他渔业都很有发展前途。2016年，菲律宾开始全面实施“2016—2020年全国渔业发展计划（CNFIDP）”，将通过一系列渔业生产，在产业间构建共识，涉及领域包括捕捞业、养殖业、加工业和市场营销环节，以此来改善国内渔业产业能力，并进一步提升在全球水产行业中的竞争力。

5.1.8　泰国

1. 农业资源

泰国位于中南半岛中部，国土面积51.3万平方千米，人口6700

① 仇志军．菲律宾热带水果生产和对华贸易情况［J］．中国热带农业，2015（4）：38-41.

万。地形以平原为主，绝大部分地区属于热带季风气候，常年温暖而潮湿。全长1200千米的湄南河纵贯南北，是全国最重要的灌溉水源和航运干线。农业是泰国的传统经济部门，全国耕地面积约为2000万公顷，占国土面积的38.6%，有80%的人口从事农业生产。2014年，泰国农业产值为2780亿泰铢，占国内生产总值的7.7%。

2. 农业产业发展

（1）种植业

泰国以种植稻谷为主，在大米生产和出口方面非常突出，有“东南亚粮仓”的美称。泰国的大米不仅能满足国内的需求，而且是亚洲唯一的粮食净出口国和世界上主要粮食出口国之一。泰国稻田面积共1078万公顷，占国土总面积近1/5，占全国耕地总面积一半左右，从事水稻生产的农户约400万户。大米年产量超过3000万吨，年出口量在700万～1010万吨，占世界大米贸易总量的25%～35%。2014年，泰国稻米总产量为3073万吨，稻米出口903万吨，出口金额达53.4亿美元。

泰国是世界第三大木薯生产国（仅次于尼日利亚和巴西），全国木薯种植总面积120万公顷，从事木薯种植的农户有51万户。木薯主要产区在东北部、北部和中东部，其中东北部产量占全国总产量的一半多。2014年，泰国木薯产量2510万吨，出口524万吨，主要出口欧盟、中国和日本。

泰国橡胶种植面积290万公顷左右，约占其国土总面积的5.6%，其中可收割胶园面积193万公顷，在世界排名第二，仅次于印度尼西亚。泰国从事橡胶生产的农户约150万户，橡胶年产量250万～300万吨，占全球橡胶总产量的1/3。生产的天然橡胶90%供出口，年出口量占全球橡胶出口总量的40%～50%，主要出口对象包括中国、马来西亚、美国、日本和韩国。2013年全球天然橡胶产量约为1099万吨，其中泰国以344万吨的产量继续名列世界第一。

（2）渔业

在泰国，渔业是仅次于种植业的重要产业，全国从事渔业的劳动人口约为 50 万人。泰国拥有 2615 千米长的海岸线，为海洋渔业和近海养殖业提供了辽阔的海域和滩涂。优越的自然地理条件使泰国成为全球十大海洋渔业国之一，也是继日本和中国之后的亚洲第三大海洋渔业国。海上捕捞占整个泰国渔业的90%以上。主要出口水产品有虾类制品、金枪鱼罐头、鱼加工制品和鱼糜制品等，其中虾产品和金枪鱼产品的出口量居世界第一。

（3）农产品加工

泰国的农产品加工业发展很快。伴随着农牧渔业生产发展，单一的以碾米为核心的食品加工业已发展成为拥有粮食加工、果蔬加工、海产品加工和饲料加工等多品种高附加值的创汇行业。

5.1.9　新加坡

1. 农业资源

新加坡属于热带海洋性气候，国土面积 710 平方千米，由 63 个小岛组成，是亚洲最小的国家。新加坡土地与水资源非常有限，农业资源匮乏，农业在国民经济中所占比例不到 0.1%。农业可耕地面积 5900 公顷，仅占国土面积的 8.3%。

2. 农业产业发展

因受土地面积的限制，新加坡的种植业以发展果树、蔬菜、花卉等经济作物为主；产业类型以高附加值出口型农产品为主，如热带兰花、观赏热带鱼等。特别是兰花，享誉世界，是新加坡外汇的重要创收来源。虽然新加坡的农业资源并不丰富，但是农业技术非常先进，如蔬菜气耕栽培技术、自动化养虾工程等，全部实现了自动化控制和调节。

新加坡农业发展的特点是重视都市农业，并不断以高科技、高产值为发展目标，形成了现代化集约农业科技园、农业生物科技园、海水养殖场等几种都市农业模式。

5.1.10 文莱

1. 农业资源

文莱国土面积5765平方千米，70%的土地为森林覆盖，耕地面积仅占国土面积的5%。文莱属于热带雨林气候，年均气温为28℃，有雨季和旱季之分，每年11月至次年2月是雨季，3~10月为旱季。

2. 农业产业发展

文莱是一个石油国，石油和天然气是其支柱产业，农业相对落后，目前仅种植少量的水稻、蔬菜和水果，以及热带经济作物如橡胶、胡椒和椰子。根据2013年的统计结果，文莱农业总产值1.113亿美元，仅占国内生产总值的0.7%。国内主要农业产品中，蔬菜产量9807吨，自给率57.9%；水果产量4392吨，自给率23.4%；大米产量1000吨，自给率3.6%；其他类粮食602吨，自给率5.2%。[①]

近年来文莱政府鼓励经济多元化，重视发展现代化农业，加强排水和灌溉工程，增加土壤的肥沃度，积极创造更多的机会让本国公民从事农业活动，并鼓励外国企业进行注资，强调要实现食物自给并让国民享用安全食品。

5.2 东盟农业投资重点产业

由于地理位置的邻近和文化背景的相似，东盟各国一直都是中国农业企业对外投资的优先对象，特别是近年来，中国与东盟的政治和经济关系都发生了巨大变化，在新形势下分析东盟农业投资的重点产业成为

① 新浪财经．文莱农业发展情况简介，http：//finance.sina.com，cn/roll/20090118/09182634386.shtml。

企业对外投资成败的关键。中国对东盟直接投资要优选有市场潜力、效益好、见效快且符合东盟产业鼓励导向的行业作为重点投资领域，这样既能充分利用当地资源优势，又有利于发挥中国企业的比较优势和发展战略需要。

5.2.1　粮食产业

中国是一个人口大国，人多地少的矛盾将会长期存在。今后随着人口的增加，城市化进程的加快，水资源的短缺和退耕还林、还草等改善生态措施的实施，农业用地不足的矛盾还将更加突出。根据国务院发展研究中心的预测，到2020年，中国每年的粮食进口量在5000万~2亿吨之间，将成为世界上最大的粮食进口国。而稻谷是东南亚地区最主要的粮食作物之一，该区域是整个亚洲降水、光照与热量最多、最充足、最适宜水稻生长的区域，地形以平原或丘陵山地为主。区内土地肥沃，降水集中，温度较高，雨热同季，气候湿润，年降水量多在1250毫米以上，是整个世界优质稻谷的主要产区。东南亚地区各国的气候条件满足单季、双季或三季稻作种植。该区域内有世界主要稻谷主产国，如泰国、越南、缅甸等。其中，泰国和越南分别是当今世界名列第一、第二的大米出口国，而缅甸、老挝和柬埔寨粮食生产潜力巨大，这几个国家未来的粮食出口能力每年在2000万吨以上，可成为今后中国粮食进口的一个重要来源，开展农业投资合作潜力巨大。

中国农作物品种资源丰富，拥有亚洲最大的种质资源库，而且中国具有较高的良种繁育与作物栽培技术，尤其是杂交水稻技术处于世界领先水平。而菲律宾、缅甸、老挝、柬埔寨等东盟国家的农业基础设施、技术设备、粮食作物的生产技术都比较落后，又缺乏优良品种，导致农业生产率低下，甚至有的国家水稻、玉米生产尚不能实现自给，人民基本生活仍然得不到保障。但这些国家拥有较为丰富的土地资源和适合农作物生长的气候条件，大部分地区水资源充沛，其自然条件有利于农业发展，非常适宜于中国企业前往投资开发。

中国企业可以借助着东盟平台，积极实施农业“走出去”再“引进来”战略。具体投资领域包括水稻、玉米种植及其产品加工，中方以专家、种子、技术、农机作为投入，帮助外方进行农作物示范种植、推广和产品加工，其产品可返销中国或在当地销售。对于土地资源丰富的国家，如缅甸、老挝，可以采用租用土地的方式，进行种养殖业开发合作，通过培育水稻等良种、推广现代农业技术提高稻谷等粮食作物的单位面积产量，建立稳定的粮食种植基地。对于东盟的主要稻谷生产国和出口国，如印度尼西亚、泰国、越南等，可以与其进行加工仓储和贸易的投资。

5.2.2 经济作物产业

1. 橡胶

全球天然橡胶种植区域主要集中在东盟地区，种植面积约占世界总面积的90%。其中，泰国、印度尼西亚、马来西亚三国合计总产量在全球天然橡胶产量中的比例一直保持在70%以上，且呈现较快增长态势，预计到2020年产能可达810万吨。随着中国经济快速发展，汽车工业产品需求旺盛，对橡胶产品的需求大量增加，而国内长期面临供给不足的问题，因此中国与东盟国家在橡胶产业的合作空间巨大。中国先进的橡胶工业体系与东盟多数国家初级加工水平形成了鲜明的优势互补，中国企业可以缅甸、老挝和柬埔寨为重点，开展橡胶种植合作，并以泰国、印度尼西亚、马来西亚为重点，进行橡胶精深加工及相关制造业领域的投资。

2. 油棕榈

2000—2015年，东盟的棕榈油产量一直呈现稳步增长态势，总产量占世界总产量的比例超过85%，是全球主要的棕榈油生产基地。从发展趋势来看，在未来相当长的时期内，东盟仍将是全球油棕榈生产的第一主产区，2020年产能将达6160万吨，印度尼西亚也将继续稳居世界第一生产大国的地位。中国是东盟地区棕榈油的主要出口国，贸易互补性强，依存度高，在贸易、加工合作方面具有巨大潜力，且中国突出的技术、加工、资金和人才等优势，与东南亚油棕榈生产效率低下、加工能力不足等问题形成显著的优势互补，为双方进行全产业链合作开发提供了良好基础。中国企业可在马来西亚、印度尼西亚、缅甸等国开展油棕榈种植投资，并以马来西亚、印度尼西亚为重点，进行棕榈油加工与贸易的投资。

3. 木薯

东盟木薯产量大、单产高，总产量占世界总产量的比例基本稳定在25%左右，预计未来继续呈现稳步增长态势，在世界木薯生产领域有着十分重要的地位，是世界木薯淀粉的集中产地和木薯产品的主要出口基地，到2020年，东盟木薯产能潜力将达8679万吨。中国与东盟国家具有各自的比较优势，在自然资源、产业结构和生产能力上又存在显著差异，这些互补性决定了双方可以充分开发利用好两地资源、两地市场，调整产业结构，推行木薯全产业链开发。目前，越南、柬埔寨、缅甸和老挝是现阶段木薯种植拓展潜力相对较大的国家，中国企业可以与其开展木薯种植投资合作。泰国和印度尼西亚在提升本国木薯精深加工技术和扩大贸易规模环节方面的合作需求迫切，中国企业可投资其木薯全产业链后端的加工与贸易环节。

4. 糖料

从东盟的糖料生产情况来看，2000年至今东盟的糖料产量一直保持稳步增长态势，总产量占世界总产量的比例稳定在10%左右，预计未来5~10年仍然处于持续增长期，到2020年，东南亚糖料产能将达25290万吨，比2012年增加6797万吨。东盟国家拥有丰富的甘蔗资源，交通优势和区域自由贸易的快速发展，是中国在东南亚建立甘蔗种植及加工基地的理想首选地。中国在机械、技术、品种及加工能力上的优势与缅甸、越南和老挝等国的资源开发潜力形成良好互补，而缅甸、老挝和越南拥有丰富的甘蔗资源，是扩大甘蔗种植面积潜力较大的国家，并且对甘蔗种植和加工项目投资具有支持及优惠政策，中国企业投资其甘蔗种植及相关产业的发展空间巨大。马来西亚和印度尼西亚甘蔗种植基础差，产量不稳定，种植面积扩大有限，不适合发展甘蔗种植，但其基础配套条件优越、糖料加工体系完善及有专门的制糖加工业基础和产业政策，中国企业可投资其糖料加工项目及其他产业链延伸项目。

5. 咖啡

老挝地广人稀，土地资源丰富，气候条件优越，土壤肥沃，咖啡产业开发潜力巨大。中国可与老挝合作开发咖啡产业，建立境外农产品供应基地，以弥补中国人多地少和资源不足问题。同时，老挝北部为罂粟种植区，对中国禁毒工作威胁极大，在老挝实施咖啡替代罂粟种植，对老挝、中国乃至国际禁毒工作均具有重要意义。

越南的地理位置十分有利于咖啡种植，并且越南咖啡相对于其他咖啡主要产区的产品，具有明显的价格优势。而目前中国国内市场对咖啡的需求量以及未来市场发展潜力十分可观，尤其是年轻人市场。因此，中国企业可以抓住这一机遇，积极寻求与越南在咖啡产业方面的投资合作，以获取成本优势。

5.2.3 林木产业

东南亚森林资源丰富且市场潜力巨大，具有承接中国林业产业外移的优势。截至 2015 年初，中国已经与柬埔寨、老挝等沿线国家先后签署了跨境河流、防洪、森林、湿地及野生动物保护方面的合作协议及备忘录等，这为中国林业产业“走出去”奠定了良好的生态环境基础。在林业投资方面，中国的木材生产企业可以选择缅甸、老挝作为重点投资的国家，两国政府也十分欢迎中国企业来投资，而且允许中国租赁土地用于农业养殖和木材开采、加工。中国可以充分利用这两个国家森林资源丰富，对外资进入领域的限制相对较少的有利条件，建立起一定规模的速生林生产基地，林业采伐基地；中国的造纸企业也可以在缅甸、老挝建厂，利用木材生产的纸浆作为造纸原料进行造纸。国内的木材加工企业要主动“走出去”与这些国家林场合作办厂，采取“种伐结合”的开发模式，投资购买或租赁林场山林进行开发经营；利用老挝、柬埔寨、缅甸的森林资源，发展林产工业、木材加工业以及生物药品的加工业，成为当地带动能力较强的龙头企业，不断提高木材产品加工的附加值和经济效益。为保证投资项目能获得利润，中国在东盟国家的林业投资项目要充分考虑到交通运输等基础设施情况，同时要格外注意环境保护，避免投资项目操作不当，给当地造成生态破坏，导致恶劣影响。

在竹产业方面，中国企业可以选择印度尼西亚作为重点投资的国家。印度尼西亚竹子资源丰富，发展竹业的自然社会经济基础较好。竹笋是印度尼西亚当地的传统食品，竹笋的需求逐年增加。中国企业可筛选印度尼西亚当地优良的笋用竹种，运用中国先进的笋用竹栽培、管理技术，建立育苗和繁殖基地，开展鲜笋销售与竹笋加工相结合的模式，实现当地市场销售，并逐步推广到东南亚市场。同时，印度尼西亚竹子生长得比较分散，很多竹子都生长在村旁、宅旁、道旁、水旁（四旁），这部分资源潜力巨大，可利用中国积累的先进的丛生竹繁殖育苗技术，采用天然林改造与人工林建设相结合的方式，开展“农户+企业”的发展模式，充分开发零星竹类资源的潜力。

5.2.4　农产品加工

东盟大部分国家是农业国，农产品加工业的资源和原材料非常丰富，充分利用东盟各国的原料市场，建立农产品加工基地，既可成为东盟农产品进军中国内地市场的重要平台，又可以是中国农产品进军东盟以至国际市场的重要平台，从而实现互利互惠。

1. 稻米加工

现阶段东盟已形成了以泰国和越南为核心的粮食出口格局，2011年，两国出口稻谷占东南亚出口总量的比重达到97.3%，占据绝对主导地位，已成为东南亚稻谷出口的重要枢纽，其中，泰国出口占58.4%，越南出口占38.9%。两国水稻种植和稻谷加工水平较高，特别是在加工与出口领域，泰国已探索出了一整套高质量米厂加工技术和操作系统，标准的运输系统和出口制度。随着国际大米贸易竞争日趋激励，为进一步确保稻谷国际交易的领先优势，两国在稻谷精深加工和贸易环节的合作需求迫切，中国企业可与其在粮食全产业链后端的加工与贸易环节开展深度合作。

2. 油料加工

印度尼西亚和马来西亚是国际棕榈油的主要生产区域，是东南亚的第一和第二生产国，约占世界总产量的48%和38%。但总体来看，受资源和环境约束，两国的后期大面积扩产潜力有限，例如，马来西亚油棕种植总面积达到485万公顷，占土地总面积的14.2%，占全国农用土地总面积的60%以上，适宜种植油棕榈的后备土地资源已非常有限；印度尼西亚虽然后备土地资源丰富，但因棕榈种植园建设对热带雨林的破坏问题，日益受到国际环保组织的重视，在此背景下，短期内两国无法通过大范围种植面积扩张来实现油棕榈产业经济效益的大幅增长，必须走集约化道路，通过提高产品附加值，实现经济效益的最大化。而中国对于油棕榈深加工和综合利用方面的研究日益成熟，尤其是棕榈油的提炼技术得到了世界的广泛认可，中国企业可与其开展油棕榈的精深加工投资合作。

3. 食品加工

大部分东盟国家食品工业并不发达，印度尼西亚、马来西亚虽有传统食品工业，但规模以中小企业为主；菲律宾、越南、老挝、缅甸的食品加工以初级产品为主；而柬埔寨的食品工业几乎是空白，加工食品依赖进口，这为中国食品业进军提供了绝好的机会。中国食品工业门类齐全，企业规模大，科技实力雄厚，加工能力强，可在东盟初级农产品产地因地制宜地发展具有区域特色的食品加工业。

越南地处热带和亚热带地区，气候炎热，降水充足，盛产多种水果。但是，越南水果加工技术落后，出口仍以鲜果为主，附加值低，运输过程中损耗较大。越南政府鼓励外商投资于水果加工业，并给予政策优惠。中国的食品罐头生产技术在世界上处于较先进的水平，中国食品加工企业可考虑在越南投资建立食品加工厂，投入设备和技术，利用当地的原料生产鲜果汁、罐头、糖果等系列产品。

菲律宾是世界上最大的椰子生产国和出口国，椰子壳加工产业很有发展潜力。在菲律宾投资进行椰子壳产品的加工，不仅可满足我国需要，还可以出口到其他国家。目前菲律宾的椰子产业并没有得到很好的开发，中国企业可以从投资椰树种植做起，建立从椰子汁、干椰肉、椰油、椰粕到椰纤维、活性炭、纤维碎渣等一条龙的配套生产，效益将非常可观。

近年来，泰国加大食品开发和深加工能力，着力打造“世界厨房”，除了制定一系列政策扶持国内食品加工企业，还鼓励外商投资食品加工业。为了吸引投资者到泰国投资，泰国投资促进委员会在《投资促进战略（2015—2021 年）》中将农产品加工业确定为七大优惠行业之一。食品加工业是泰国的传统产业，发达的农业、丰富的食品材料为泰国食品加工业的发展提供了坚实基础。中国在食品生产加工和保鲜储藏方面具有比较优势，可与其进行食品产业深精加工领域的投资合作。

文莱目前亟须发展清真食品产业，特别重视树立清真食品产业在价值链中的高端地位。2015 年，在对外招商引资方面，文莱政府将清真产品列为重点招商领域，鼓励外商投资清真食品认证产业，并出台一系列优惠政策。中国企业，特别是陕西、宁夏、广西企业，可以积极投入到清真食品认证产业的投资合作中。

5.2.5 农资产业

1. 农机

在农业机械方面，中国是农机产品生产出现饱和，东盟是农业机械化发展比较落后，这是目前中国与东盟农业国家在农机领域方面“供”与“需”的现状。东盟大部分国家经济较不发达，农业机械化程度很低。例如，柬埔寨、老挝、缅甸三个农业国的制造业在国内生产总值中的比例仅占10%，因此亟须发展农业机械制造业，也迫切需要引进先进技术设备改造原有的工业部门。越南目前农业机械化现状与规划目标相去甚远，特别是农业机械化总体水平还较低，即使是在已经使用机械化的农业生产各个阶段，农民所使用的机器往往也是过时的，农机化发展任务还很艰巨，每年都需要进口大量的拖拉机、柴油机、水泵、脱粒机、收割机、烘干机等。泰国尽管农业发达，但是农业机械化程度较低，对农业机电产品的需求旺盛，如拖拉机、柴油机、水泵、播种机、烘干机、收割机、碾米机等。东盟国家与中国同属小规模经营方式，中国的小型农业机械非常适合于东盟国家，而且相对于欧美农业机械，中国农业机械还具有质优及价格低廉的优势，便于操作，尤其是对于东盟欠发达国家来说，中国的农业机械显然在经济上成为更好的选择。由此可见，中国企业在东盟农机领域大有直接投资机会，应充分利用这种大好机遇，开展农机装备合作，在东盟国家建立农机研发、生产基地，建设一批农机销售、培训和维修服务中心。

2. 农药、化肥

越南、老挝、缅甸和泰国等东南亚国家每年都需要进口大量的农药、化肥。泰国本土没有生产化肥的原材料，绝大部分化肥都依靠进口。泰国每年600万吨左右的化肥需求，使得这里成为世界肥料企业的必争之地。由于越南全年气温高，平均降水量多，为农作物的生长创造了良好的环境，但也给害虫繁殖和杂草生长提供了“温床”。越南有3000多种作物虫害和几百种杂草，这就给农药生产厂商提供了广泛的市场空间。据估计，2015—2020年，越南的农药市场有望以4.4%的复合增长率增长，达到12亿美元。[①] 中国是越南农药的主要供应商，越南90%的农药都是从中国进口。[②] 此外，每年有不少中国产农药经越南运往老挝、柬埔寨。这些国家是传统的农业国，农药工业发展滞后，主要依靠进口。中国企业可在越南投资设厂生产这类产品，这样既能满足越南市场的需求，也可以将产品出口至越南邻近的东南亚国家。

3. 种业

种子是农业最基本的生产资料和科技载体，农作物种业是促进农业长期稳定发展、保障国家粮食安全的根本。加强与东盟地区的种业合作对中国农业及种业发展具有重要的战略价值：一是可以推动区域农业资源的合理有效利用与农产品市场的融合，加快农作物新品种培育和技术转化，提高区域种业科技发展水平；二是可以统筹利用国际国内两个市场、两种资源，有效调剂和补充区域各国种子与粮食供给，在提高东盟地区粮食产量的同时，间接提高国内粮食安全保障能力；三是可以促进国内种子过剩产能的对外转移，破解因气候和土地资源约束带来的“南繁”困局，加快种业“走出去”战略推进，培育和巩固中国在区域种业发展中的优势与领导地位。

作为物化技术，种子的培育生产周期长、风险大，易受气候等自然因素的影响。中国与东盟国家地缘接近，气候条件相似，为农作物新品种培育和种业发展合作提供了良好的自然条件。中国在育种技术、农作物管理、资金上具有比较优势，而东盟地区的土地资源丰富、气候条件好、生产成本较低、土地开发程度不高。中国与东盟地区农业禀赋的差

① 艾雯．越南农药市场有望增至12亿美元［N］．农资导报，2016-04-22（0C6）．

② 段丽芳．中国瞄准越南农药市场［J］．农药科学与管理，2015（6）：52.

异化和互补性为双边、多边种业合作提供了巨大的发展空间。

5.2.6 仓储物流

东盟国家具有优良的资源和生产条件，然而基础设施落后限制了其进一步发展。中国—东盟自贸区的全面建成，为中国与东盟各国企业创建了贸易和产业合作平台。加强对东盟国家仓储物流领域的投资，不但可以提高产品运输效率，提升产品附加值，也可以为双方贸易往来提供坚实的基础。中国与东盟国家应以构建国际贸易大通道、实现贸易便利化为目的，合作开展运输、仓储等农产品贸易基础设施建设，打通物流通道，提高贸易效率。如建设稻谷、橡胶、棕榈油等产地收购仓储体系，同时建设相应规模的收储库和中转库，加强重点港口码头或交通枢纽等仓储物流一体化建设等。

5.2.7 蓝色粮仓

东盟十国之中九国临海，漫长的海岸线和广阔的海域，还有众多的湖泊、江河和水库使得东盟国家的渔业资源相当丰富，但东盟国家在水产养殖、捕捞设备和技术方面却十分落后，每年实际捕捞量只占可捕捞总量的一半左右。这些国家有开展海洋捕捞、海产品加工及淡水养殖合作的良好愿望。与东盟相比，中国在水产养殖和远洋捕捞技术方面具有比较优势，并且由于渔业属于资源集约型产业，中国资源“瓶颈”对渔业的发展造成了严重影响，所以双方取长补短，合作投资开发海洋渔业资源的潜能巨大。例如，印度尼西亚76%的面积被海水覆盖，是东南亚最大的渔业产品生产国，捕捞业和水产养殖业分别占渔业产值的70%和30%，鱼类是印度尼西亚消费量最大的动物蛋白来源。目前，印度尼西亚的渔船短缺，而中国拥有大规模远洋船队，捕捞能力较强，捕捞设备较为先进，生产的渔船型号也适合东盟国家，中国企业可赴印度尼西亚投资开发海洋渔业资源。此外，中国的相关企业还可以在东盟国家，尤其是越南、缅甸、柬埔寨等经济欠发达的国家设立水产品加工厂，充分利用中国的技术来开发这些国家丰富的渔业资源，在满足中国市场需求的同时，也可以促进东盟国家蓝色粮仓产业的持续快速发展。

5.3　东盟农业投资重点合作领域分析

东盟各国农业资源禀赋各异，投资制度与产业基础各不相同。中国企业投资东盟农业首先要立足于自身发展战略的需要，针对不同国家选择不同的投资类型、投资模式。当然，站在中国国家利益的角度，以及出于平衡风险的目的，中国企业投资东盟农业，应在综合考虑利用各种协议以及优惠措施并有效结合国内优势资源的基础上，重点考虑以下投资合作领域。

5.3.1　以粮食安全为基础，优先考虑粮食种植领域的投资

粮食安全问题对中国和东盟都至关重要。中国是人口大国，也是粮食生产和消费大国。除泰国、越南是大米主要出口国外，东盟其他大部分国家都属于稻谷进口国。中国和多数东盟国家同属于发展中国家，农业是国民经济的基础，因此首先必须重视农业、增加投入，提高粮食自给率。

东盟国家总体上具有发展农业的良好自然条件，积极调整农业发展方略和产业结构，未来有望成为世界粮食生产的一个核心地区，从而大大提高区域粮食安全。中国—东盟自由贸易区覆盖了 19 亿人口，中国与东盟须进一步加强在粮食安全领域的合作。若在自贸区内解决了粮食问题，就是对全世界粮食安全的一大贡献。在自贸区全面建成的有利条件下，合作各方均应加强粮食方面的多层次合作，强化粮食生产能力建设，完善粮食贸易，以实现共赢。越南、缅甸、老挝和柬埔寨土地连片，规模较大，且自然条件较好，而且有大片荒地可供开垦，现有农田

因受水利条件制约和劳动力不足，复种指数很低。因此，这些国家可成为中国企业投资粮食开发的重点目标。

5.3.2 以战略性稀缺资源开发为导向，优先考虑经济作物领域的投资

中国资源的人均占有量相当稀缺，资源供求矛盾日益突出，在很大程度上限制了中国农业企业和国民经济的发展。目前，中国众多重要战略性农产品依然大量依靠进口，迫切需要实施海外稀缺性农业资源开发战略。从目前的情况看，一些重要的、战略性的农产品，如天然橡胶，已成为中国继石油、铁矿石和有色金属等工业原料之后又一大宗紧缺战略性物资，中国的食糖供需缺口近300万吨，产销缺口逐年扩大，中国进口的木薯产品占世界贸易总量的55%。

东盟各国土地肥沃、雨量充沛、光热充足，有大量可开发土地，天然橡胶种植面积占全球总量的90%，棕榈油产量占全球总量的86%以上，木薯产量占全球总量的1/4左右，也是全球重要的甘蔗种植基地。加强与东盟国家的农业投资合作，充分利用东盟国家农业资源，将东盟农业资源开发与国内产业结构和产品结构调整、产品升级换代有机结合起来，促进国内具有比较优势的种植业向境外转移，逐步建立起可靠的天然橡胶、油棕榈、甘蔗和木薯生产基地，可以有效弥补中国农业资源日益匮乏和战略性农产品供求紧张的局面，增强对稀缺性战略资源的配置能力和产品价格的话语权。

5.3.3 以资源控制为目标，优先考虑仓储、加工和贸易领域的投资

由于仓储、加工和贸易环节的投资周期相对较短、经营风险较低、利润率较高、受政策影响较小，在农业产业链中占有重要地位，应成为中国农业企业“走出去”的重要投资领域和先行环节。国际四大粮商通过百年的发展才实现对产业链的全覆盖，而中国企业正处于农业对外

投资的起步阶段，往往投资规模有限，强化对贸易、加工和仓储的投资更加有利。同时，强化对贸易、加工和仓储的投资，能够促进互相协同发展，最大限度地发挥资金的增值能力，实现投资效益最大化，并且这三个环节所需资金相对较少，能够相对较快地形成规模，实现规模经济，壮大企业自身实力。另外，日本等发达国家的经验表明，从资源控制的角度来看，投资仓储、加工或贸易环节比投资种植实际所能控制的粮食多，对保证国内粮食安全更有意义。

第6章

东盟农业投资的风险识别与评价

6.1 东盟农业投资的主要风险

6.1.1 政治风险

从实践来看，政治风险是中国企业投资东盟农业所必须关注的首要风险。一般而言，政治风险是指目标国政权的变更、政局的动荡或者政策的变化，而有可能影响国外投资企业的投资安全。主要包括政局变动、目标国的农业产业保护政策、企业的国有化以及战争风险。

1. 政局变动

企业对东盟农业投资，首先要考虑当地的政局因素。东盟各国大多是发展中国家，在经济、社会等方面的发展相对落后。某些国家拥有非常丰富的农业资源，但是政局却动荡不安，缺乏持续性的产业政策，也没有健全的法律制度，朝令夕改的产业和投资政策，将给外国企业带来巨大的投资风险。国外农业投资者与上一届的政府所签订的农业投资协议，在政府换届后往往会发生变动或调整。例如 2007 年初，中国吉林省与菲律宾的农业部门签订了在菲律宾 100 万公顷土地上进行开垦的协议，但是，菲律宾由于国内政局变动的影响，9 月该协议就被迫宣布暂停。农业企业一旦遇到这类政策的变化，往往会出现巨大损失，甚至会造成前期项目投入难以收回，血本无归。中国目前虽然已经有了初具独立性的政策性保险公司，对投资国政府的违约、征收等政治风险进行一定的承保，例如，中国进出口信用保险公司，将境外的投资活动作为其保险标的就是其主营业务之一，然而，这些保险产品的设计往往针对的是20世纪对外投资风险，一般缺乏较宽的适保面，再加上该保险产品设计落后，一般难以全面化解目前中国农业企业境外投资所面对的政治风险。

2. 目标国农业保护政策

农业在国民经济中处于基础地位，因此各国都非常重视农业的发展，特别是粮食生产。因此，每个国家对粮食投资行为都会十分警惕。当国外资本向本国农业大举进入时，所在国政府就会对粮食安全和农业产业安全问题进行更多的考量，进而对本国的农业市场采取保护性政策，对国外的企业设置进入限制。

3. 战争

东盟有的投资目标区域安全环境差且极容易发生战乱，并且这些国家还处于复杂的地缘政治环境之中，具有比较突出的国内矛盾，再加上西方国家的干预，致使中国在东盟的农业投资活动处于较大风险之下。

6.1.2 经济风险

经济风险也是企业在东盟农业投资活动中需要面对的问题，因而，每个企业必须正视可能出现的经济风险。在某种程度上，经济风险主要体现为目标国的金融危机、企业在境外投资可能出现的融资困难和当地农业政策滞后三个方面的风险。

1. 金融危机

在全球化经济社会一体化发展过程中，经济体之间不断紧密的联系，给全球金融体系带来了前所未有的巨大风险，而各国的金融业务也相互渗透交叉，国家之间的金融风险相关性加强，金融风险存在巨大交叉“传染”的可能性。联合国经济贸易发展会议的联合课题组、中国贸易促进会以及欧盟委员会自 2009 年 12 月到 2010 年 3 月所进行的第四次“中国企业对外投资现状及意向调查”以及会后所发表的 2010 年中国企业对外投资现状及意向调查报告表明，仅有 13%的中国在外企业认为未受到全球金融危机的影响，而 87%的中国企业的对外投资都在不同程度上受到了世界金融危机的影响，此外，其中有 31%的中国企业对外投资活动受到金融危机的严重影响。

2. 企业融资困难

中国在境外进行农业投资的企业往往受到有限的资金规模以及竞争力较弱等问题的制约。中国在东盟农业投资的企业往往规模并不大，缺乏农业对外投资所必需的资金优势，大多数企业并不具备独立开展农业对外投资活动的实力。据统计，在西方发达国家，对外投资企业的单个对外投资项目，金额平均约达 600 万美元，而欠发达国家对外投资的平均金额约达 450 万美元，而中国对外投资企业境外投资的平均金额约 220 万美元，其中中国农业对外投资企业平均只有几十万美元的投资额。目前，我国农业企业对外投资活动还没有一套科学的评价体系，并且农业企业对外投资活动具有规模较小、收益不高以及风险难以控制的特征，国内银行出于银行贷款资金安全的考量，往往不愿从贷款上支持在境外进行农业投资的企业，真正获得银行资金支持的对外投资农业企业少之又少。而中国的农业企业对国际投资的融资方式尚不熟悉，缺乏国际投资经验，也不具备境外融资的能力，不易得到目标国金融机构所提供的信贷支持。由于农业投资的周期较长，需要资金的持续投入，因此必须确保资金链的畅通。一旦资金运转困难，农业企业对外投资项目的发展必然会受到制约，甚至失去投资机会。

3. 国家农业政策约束

目前，中国对企业赴东盟农业投资方面的支持政策缺乏必要的协调性、灵活性以及稳定性，相关政策的制定与推行尚需完善。首先，从对外投资保险制度来看，中国企业到东盟从事农业投资活动，比在国内所要承受的经营风险和竞争压力更大，完善的国际投资保险制度对企业在东盟的农业投资活动顺利开展至关重要。美国和欧盟等发达国家都建立了较为完善的保险制度体系，政府一般会以补贴的形式分担本国农业涉外投资项目的部分保费。而中国农业对外投资方面的保险险种尚不完善，存在范围较狭窄、险种不够丰富、帮助企业规避境外农业投资风险的能力不足等一系列问题。例如，中国财政部门设置的中国出口信用保险公司，虽然设立了对从事农产品出口的农业企业发放40%的保险费补贴的出口特别险，但该险种仅对农产品的出口做出相应赔偿，却对生产环节的经济损失不予受理。其次，从税收政策的角度看，中国与部分国家尚未签署避免双重征税的协议，农业对外投资企业尚存在双重征税问题。最后，从国家财政专项资金补贴的角度来看，美国、欧盟等大多数发达国家和地区都建立了完善的农业对外投资活动专项补贴体系，对农业企业对外投资活动给予了大量资金支持。而中国尚未形成完善的政策体系，缺乏稳定的资金来源，对在东盟从事农业投资的企业缺乏必要的资金补贴。

6.1.3 人力风险

中国企业对东盟农业投资，离不开技术支持和人力资源保障。当前，中国农业企业对于人力资源的重视程度还不够，对人力资源的投入还不足，对人才的培养机制和培养条件与发达国家相比还有不小差距，导致企业在参与国际市场竞争时常常面临人力风险，主要表现在农业技术、农业人才和农业劳动力方面。因此，需要尽快采取相应的措施来提高人力资源的储备，降低人力风险。

1. 农业技术

企业在开展境外农业投资时，如果采用先进的技术进行生产和经营管理，则能够提高企业的生产效率，同时能够更好地规避各种风险，将风险造成的损失降到最低。就目前而言，东盟地区的农业资源丰富，能够为农业生产提供足够的资源供应，但采用国际先进农业技术的中国企业并不多，没有发挥企业的技术优势。

2. 农业人才

企业的发展离不开高素质的综合人才。对于开展东盟农业投资的企业而言，要想在当地扩大企业规模，提升企业在当地市场上的综合竞争力，就需要不断充实人才储备，包括对当地人才的引进和企业自身人才的培养。东盟农业投资涉及两国经济、政治、文化等各方面的交流，最基本的就是语言的交流，这就需要企业首先要对员工的语言交流能力进行全方位的培养，不仅要熟悉当地的语言，更重要的是要了解当地的风俗文化，还要对相关的国际规章制度、东道国农业投资优惠政策等有全面的了解。中国大部分开展东盟农业投资的企业都面临人才缺乏的困境，特别是缺少高素质复合型人才。

3. 农业劳动力

农业劳动力是企业开展境外农业生产的最基本要素，农业劳动力的素质和数量直接影响企业的投资收益。企业在雇用劳动力的过程中会遇到以下几个方面的问题。首先，当企业考虑从国内引进劳动力时，会面临东道国烦琐的出国手续的阻碍，很多国家对于签证的办理都有严格的标准，如时间上的限制和人数上的限制等。此外，从国内输出的劳动力在到达东道国后还要花费一段时间学习当地的语言，了解当地的文化习俗等，以上这些都给企业意图从国内输出劳动力造成了很大的不便。其次，当企业考虑直接从当地引进劳动力时同样会面临劳动者素质较低的问题，特别是在一些欠发达国家，当地居民的文化水平普遍不高，学习能力较差，需要花费较长的时间进行培训，这就使得企业的成本进一步增加。最后，有越来越多的企业面临劳资纠纷。劳资纠纷的主要内容是薪酬和福利待遇等，如果不深入了解当地的文化习俗也会导致劳资纠纷的发生，当地政府相关部门在处理中国企业与当地居民之间的劳资纠纷时会有偏袒当地居民的倾向，这对于投资东盟农业的企业来说是不利的。

6.1.4　自然风险

农业生产与自然气象环境密不可分。近年来，全球各地不断发生自然灾害，事实上，欠发达国家的农业生产基础设施仍然相当脆弱，在东盟的一些国家，农业生产基本是处于靠天吃饭的状态，洪涝、干旱等自然灾害都可能使得东盟农业投资企业蒙受损失。自然灾害一般具有很强的不确定性，一旦发生，往往具有极大的破坏性，将会给境外投资的农业企业带来巨大损失。类似地，海啸、滑坡、地震、泥石流、大风以及森林火灾等自然灾害的频繁发生，也会进一步导致土地的减产，甚至出现颗粒无收的现象，进而使得境外农业投资企业蒙受巨额损失。此外，自然灾害还会对农业基础设施产生破坏，在灾情发生后需要进行排涝以及补种等多项工作，这将会导致农业生产进一步增加成本。

1. 洪涝

洪涝是指大量降雨所引发的江河决堤以及山洪暴发淹没农田的过程，会给农业带来巨大损失。越南、老挝、印度尼西亚、柬埔寨、缅甸、泰国以及菲律宾等国家，由于充沛的雨量，经常遭受洪涝灾害。泰国 2011 年 11 月曾遭遇了五十年一遇的洪灾，将近 901 万莱（合 360.4 万亩）农田受灾，大片耕地被淹没，许多农业的基本设施都被荒废。这次持续 4 个多月的洪水，造成了 720 亿泰铢（合 24 亿美元）的农业损失。①

2. 干旱

干旱的特征主要是久晴高温，在较长时间内少雨或不雨。越长时间的干旱，越会对农业造成严重的损害。除洪涝灾害以外，东盟国家的农业也会遭遇严重的干旱冲击。例如，2011 年底 2012 年初出现了严峻的

① 吴珊．天灾下的粮食安全问题［N］．云南信息报，2012-03-12（5）．

旱情：越南水稻的产量缩减了1/3；泰国干旱的农田达2万公顷；马来西亚出产的橡胶树出现锐减；菲律宾旱灾造成112亿比索（约合人民币16.8亿元）的农作物损失。由此可见，干旱对农业生产所产生的不良影响应作为东盟农业投资的重要方面予以重视。

3. 病虫害

农业生产大多与动植物相关，因而难免会遇到病虫害问题，不同的动植物品种会受到不同病虫害的侵害，这就在一定程度上影响了粮食的产量和质量。由于全球变暖趋势日益明显，很多病虫害呈现疯长趋势，全球每年大约有30%的粮食减产是各种各样的病虫害造成的。近年来，农业病虫害在造成粮食产量减少的同时，还对粮食产品的质量造成了很大的影响，并通过国际贸易渠道扩散至其他国家和地区，对其粮食安全造成威胁。

4. 森林火灾

森林火灾对于农业资源的影响最为严重，但一般是集中在特殊的地区，如干旱高温地区。森林火灾一旦发生，其扩散速度特别快，影响范围特别广，难以在短时间内扑灭，需要综合运用多种灭火技术才能逐步控制火势直至扑灭。因此，对森林火灾要引起高度重视，采取各种措施减少森林火灾发生的可能性。

6.1.5 决策风险

由于农业生产在很大程度上受到自然条件和农作物生长周期的影响，加上农产品市场上竞争者数量众多，企业会面临各种各样的风险，这就需要企业高层能够依据企业所处的境地及时做出科学合理的决策，确保企业能够持续获利并获得可持续发展。科学合理的决策需要有足够的信息支撑，但实际上很多情况下都存在信息不对称，加上企业自身也缺乏实地的调研，导致企业往往无法做出正确的决策，从而遭受损失。因此，为了将决策风险造成的损失降到最低，就需要企业从对以下几个方面的分析中为决策提供依据。

1. 可行性分析

可行性分析研究是指企业在投资建设项目实施之前，成立专门的小组来对项目所处的外部环境、项目的可能性和可行性等进行全面的调查分析，为企业决定项目是否实施提供科学参考，主要包括对相应产品的市场行情的分析、确定项目建设地点、成本和收益的预分析、风险分析等。而很多赴东盟农业投资的企业并没有进行投资的可行性分析，没有对当地的市场行情、基础设施建设情况、相关政策法规以及可能面临的风险等进行分析，这给企业做出科学合理的决策造成了很大的压力，加上缺少专门为开展境外投资企业提供风险评估的机构，而且企业自身的定位也不明确，没有依据目标制订长、中、短期战略计划，战略的实施也不尽如人意，对东盟农业投资方面的相关政策也不够了解。这些因素的叠加，导致很多企业做出了错误的决策，给企业带来了巨大损失。

2. 社会文化差异

东盟农业投资活动包含了与东道国在经济、政治、文化等多方面的交流与合作，其中，文化领域的交流显得尤为重要。因为国与国之间在文化习俗上必然会存在差异，这就要求企业要对当地的文化习俗进行全面而深入的了解，尽快让企业和全体员工融入当地人民的生活中，获得当地人民的认同，避免因两国文化上的差异而导致冲突的发生，这样有利于企业更好地开展项目的建设等工作。但目前中国在农业对外投资方面的理论和实践研究不多，没有为农业对外投资企业提供一个可供参考的适应东道国社会文化环境的商业模式。企业与当地文化习俗融合的时间增加，则企业的成本也随之增加；企业的产品由于文化的冲突得不到当地消费者的认同，则企业的效益也会受到一定程度的影响。

3. 市场竞争力

市场竞争力对于企业的生存和发展至关重要，特别是农业对外投资企业，由于要参与到当地产品市场的竞争中，其竞争激烈程度可想而知。目前，中国对东盟农业投资的企业普遍存在规模小、竞争力弱、无序竞争等问题。首先，企业的经营规模较小。有相当一部分企业的投资规模不大，企业自身也属于中小型企业，即使有一些在国内属于大型农业企业，但与发达国家的农业企业相比仍有不小的差距，规避风险的能力也有待进一步提升。其次，横向联合协作不够。很多企业都选择独自经营，各自单干，缺乏企业间的合作。这种经营模式不利于企业融资，也会导致信息来源渠道狭窄。最后，无序竞争严重。中国部分企业只顾眼前利益，为了获得某一项目的开发权恶性竞争，而国内对农业对外投资企业的管理机构或协会较少，有的协会也只是象征性的管理，对恶性竞争行为没有采取惩罚措施，没有发挥维持良好市场秩序的作用。

4. 成本变化

企业在经营管理过程中必然会考虑成本和收益，尤其是成本，因其涉及企业投入资金的多少，因此很多企业都将成本作为生产经营首要考虑的因素。对于从事种植业的企业而言，其成本主要包括生产成本和销售成本。其中，生产成本包括购买种子、化肥、农药、地膜、机械设备等（如图 6-1 所示）。

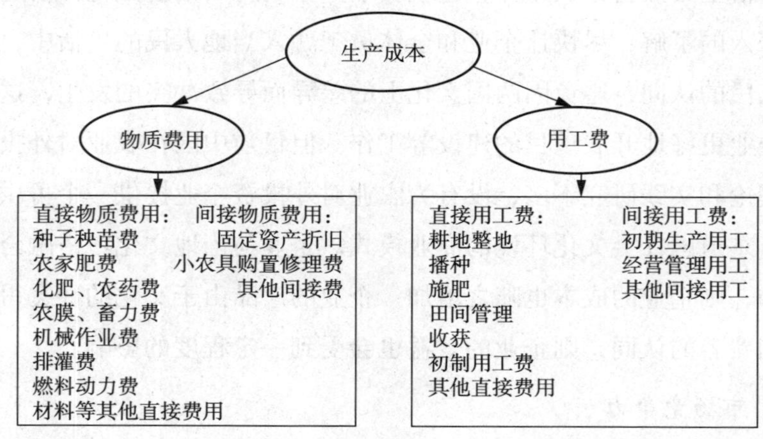

图 6-1　农业生产成本构成

对于投资东盟农业的企业而言，其成本中需要着重考虑的是产品流通环节上的成本。流通环节的成本主要有运输成本、仓储成本和销售成本，要将生产的农产品从东道国运回至其他国家或国内进行销售，必然要考虑整个运输过程中的成本。以公路运输为例，公路运输主要的交通工具是大型货车，在产品装车之前企业要对产品进行质检和加工包装，并搬运至货车上，每个环节都会形成一定的成本，在运输过程中，企业还要支付过路过桥费、燃油费、车辆维修费、保险费、罚款以及司机的工资、食宿费等费用。而上述费用的多少是随着经济社会的发展而变化的，因而属于不可控成本。搬运工人的工资和司机的工资呈现逐年上涨的趋势，因此企业由于劳务等费用逐年增加，还要考虑到价格以后可能会进一步上涨。因此，企业在成本预算时要充分考虑到以上这些方面对成本的影响，避免成本过高造成亏损。

6.2　东盟农业投资的风险评价方法——以湖北 HS 公司投资项目决策为例

6.2.1　风险因素排序：层次分析法（AHP）

20 世纪 70 年代，美国运筹学家萨迪教授（T. L. Satty）提出了一种著名的多准则决策研究方法，即层次分析法（Analytic Hierarchy Process，AHP）。层次分析法是一种将定量与定性研究结合起来，便于系统化和层次化考察和解决问题的研究方法。20 世纪 80 年代以后，层次分析法在我国得到了广泛的应用。层次分析法将复杂的问题分解为若干个组成因素，这些组成因素可以按照一定的支配关系进行递阶分层，然后将处于相同层次上的两两因素按照其重要性程度进行比较，从而可以确定这一层次的判断矩阵，在此基础上，采用特征向量法计算该判断矩阵，这样即可得到每一层相对于上一层而言各组成要素的相对重要程度的权重，以此进行排序。

进行东盟农业投资风险评价，首先要确定各个风险因素对投资项目影响的重要程度。具体步骤如下：

1. 建立递阶层次结构

采用 AHP 法对企业投资东盟农业的风险进行判断时，首先要做的基础工作就是对复杂的研究问题进行系统化、层次化处理，从而构建可以反映研究问题的内在关系的递阶层次模型。该递阶层次结构的顶层反映的是多目标决策中的总目标，通常将其称为目标层。往下是准则层，该层又分为主、次准则层。在对东盟农业投资风险进行评价时，首先需要考察各个层次上的风险因素所具有的特征及其相互之间的从属关系，在此基础上，将企业投资东盟农业风险评价作为目标层，将企业投资东盟农业所面临的政治、经济、人力和决策四个风险因素设为主准则层，将每个层面的风险组成因素设为分准则层。

2. 构造两两判断矩阵

在第一步的基础上，接下来需要判断和计算下一层次的各风险因素相对于上一层次的某一风险因素的相对重要程度的权重，从而将利用境外农业资源的风险决策问题转化为将处于同一层次的各个风险要素的重要性排序问题。具体来讲，以对应的上一层次某个风险因素为参考准则，按照该层各个风险因素的相对重要程度对其进行两两对比，在此基础上依据特定的评判标准将两两对比的结果进行数量化处理，从而构造出风险决策的判断矩阵。例如，要确定组成“政治风险 U_1”的各个风险子因素（u_{11}，u_{12}，…，u_{1n}）的重要度权值，就可以“U_1”为判断准则构造判断矩阵 A，其形式如下（见表 6-1）。

表 6-1 两两风险因素的判断矩阵

U_1	u_{11}	u_{12}	…	u_{1j}	…	u_{1n}
u_{11}	a_{11}	a_{12}	…	a_{1j}	…	a_{1n}
u_{12}	a_{21}	a_{22}	…	a_{2j}	…	a_{2n}
⋮	⋮	⋮	⋮	⋮	⋮	⋮
u_{1j}	a_{i1}	a_{i2}	…	a_{ij}	…	a_{in}
⋮	⋮	⋮	⋮	⋮	⋮	⋮
u_{1n}	a_{n1}	a_{n2}	…	a_{nj}	…	a_{nn}

其中 a_{ij}（$i=1, 2, \dots, n; j=1, 2, \dots, n$）是表示以 U_1 为判断准则，风险子因素 u_{1i} 对 u_{1j} 的相对重要性进行比较的数值化结果，通常采取 1~9 标度法来表示，各级标度含义见表 6-2。

表 6-2 各风险因素两两比较结果

标度	含义
1	同样重要
3	稍微重要
5	明显重要
7	强烈重要
9	极为重要
2，4，6，8	两个风险因素相比较的中值
倒数	两个风险因素 i 与 j 相对比得到判断 b_{ij}，反过来 j 与 i 相比较可得判断 $b_{ji}=1/b_{ij}$

显然，对于判断矩阵 A 有：

$$a_{ij}>0; \ a_{ij}=\frac{1}{a_{ji}}; \ a_{ii}=1 \ (i, j=1, 2, \dots, n) \qquad (6-1)$$

3. 层次单排序

在上述第二步的基础上，首先需要通过计算上述判断矩阵 A 的最大特征根 λ_{max} 及其所对应的特征向量 W，然后将判断矩阵 A 的特征向量 W

的各子向量 w_i 作为其所对应的各个风险因素的重要度权值，通常我们将这种风险重要性排序称为同一层次风险因素权值的单排序。例如，要确定组成“政治风险 U_1”的各风险子因素重要度权值 A_1 =（a_{11}，a_{12}，…，a_{1n}），那么只要计算出满足以下条件的判断矩阵特征根及其所对应的特征向量即可：

$$AW=\lambda_{max}W \tag{6-2}$$

其中，A 代表的是第二步构建的判断矩阵，λ_{max} 为判断矩阵 A 的最大特征根，W 反映的是与最大特征根 λ_{max} 相对应的规范化特征向量，W 中的每个元素 w_i 反映的则是其所对应的各风险因素相对重要程度的权重。

然而，在计算东盟农业投资风险决策的判断矩阵的特征向量时，本书通过对判断矩阵进行规范化处理，从而求得各个风险因素的相对权值，具体步骤如下：

（1）对判断矩阵 A 进行规范化处理，从而可得矩阵 $\overline{A}$：

$$\overline{a_{ij}}=\frac{a_{ij}}{\sum_{k=1}^{n}\overline{a_{ij}}}(i,\ j=1,\ 2,\ \ldots,\ n),\ (n\text{ 为判断矩阵的阶数}) \tag{6-3}$$

（2）把 $\overline{A}$ 按行相加得到向量 $\overline{W}$：

$$\overline{w_i}=\sum_{j=1}^{n}\overline{a_{ij}}(i=1,\ 2,\ \ldots,\ n) \tag{6-4}$$

（3）对向量 $\overline{W}$ 进行归一化：

$$w_i=\frac{\overline{w_i}}{\sum_{j=1}^{n}\overline{w_j}}(i=1,\ 2,\ \ldots,\ n) \tag{6-5}$$

所得到的 $W=(w_1,\ w_2,\ \ldots,\ w_n)^T$ 为所求特征向量，且有 $\lambda_{max}=\sum_{i=1}^{n}\frac{(AW)_i}{nw_i}$，其中 $(AW)_i$ 表示向量 AW 的第 i 个元素。

4. 判断矩阵的一致性检验

在计算出各个风险因素的相对重要性权重基础上，需要对各权值的对比设定的标准是否具有一致性进行检验。通常情况下，如果一致性检验的比率值 $C.R.<0.1$，那么我们认为该判断矩阵具有一致性，若否就需要对判断矩阵重新进行调整。

首先，计算判断矩阵的一致性，用 $C.I.$ 表示：

$$C.I.=\frac{\lambda_{max}-n}{n-1}，（n \text{ 为判断矩阵的阶数}） \tag{6-6}$$

其次，计算随机一致性检验的比率值，用 $C.R.$ 表示：

$$C.R.=\frac{C.I.}{R.I.} \tag{6-7}$$

其中，$R.I.$ 表示平均随机一致性指标，该指标数值通常可以查表得到，见表 6-3。

表 6-3 常用 *R.I.* 值对应表

标度	1	2	3	4	5	6	7	8	9
R.I. 值	0.00	0.00	0.58	0.9	1.12	1.24	1.32	1.41	1.45

资料来源：沈建明．项目风险管理［M］．北京：机械工业出版社，2003：113.

6.2.2 风险模糊层次（F-AHP）评价

模糊数学是美国加利福尼亚大学的查德教授于 1965 年提出来的。40 多年来，模糊数学得到了很大的发展，现已被广泛应用于自然科学、社会科学和管理科学等众多领域。模糊评价就是模糊数学理论在实际工作中的一种应用方式，是为解决现实中存在的大量具有模糊特征的经济现象而提出的一种风险评价方法。模糊评价由于其独特的定量分析与定性描述相结合的特点，因而是一种比较适合工程项目风险评价的方法。[1] 企业对东盟农业投资所面临的风险具有一定的随机性和模糊特征，故而采用模糊评价法能够更为准确地反映东盟农业投资所面临的风险状态和未来的发展变化趋势。本书在上一节中国企业投资东盟农业风险识别的基础上，将层次分析法和模糊评价法结合起来，构建一个符合风险管理要求的东盟农业投资风险模糊层次（F-AHP）评价模型，以湖北省种子集团有限公司（以下简称“湖北 HS 公司”）为研究案例，对其东盟农业投资风险进行分析和事前评价，以期为其他企业投资东盟农业提供借鉴和参考。

1. 风险模糊层次评价模型的构建

（1）建立风险模糊评价因素集

首先，建立由东盟农业投资风险因素所组成的集合，以 U 表示，并将因素集 U 作为湖北 HS 公司投资东盟农业风险评价的主因素集。假设影响东盟农业投资的风险因素有 m 个，那么主因素集 U 由 m 个子因素集 U_i 组成，可表示为 $U=\{U_1, U_2, \ldots, U_m\}$。又假设每个子因素集 U_i 由 n 个风险因素构成，可表示为 $U_i=\{U_{i1}, U_{i2}, \ldots, U_{im}\}$，$u_{ij}$（$i=1, 2, \ldots, m$；$j=1, 2, \ldots, n$）代表第 i 类子因素集的第 j 个因素。需要特别说明的是，这里的 m 个子因素集 U_i 中所包含的风险因素的个数可以不相同。

（2）建立风险模糊评价集

评价集是用来反映评价者对可能存在的各个风险因素的评价，不同的评价者可能得出不同的评价结果，不同评价结果所组成的集合称为风险模糊评价集，用 $V=\{v_1, v_2, \ldots, v_j\}$ 来表示，其中 v_j（$j=1, 2, \ldots, n$）反映的是第 j 个评价者的评价结果。根据东盟农业投资的实际情况及投资风险评价目标的要求，我们将投资的风险划分为 5 个级别，分别用“无风险”“轻风险”“中风险”“重风

① 杨纶标，高英仪．模糊数学——原理及应用［M］．广州：华南理工大学出版社，2002：213.

险”和“高风险”来表示，并建立东盟农业投资风险模糊评价集，用 $V=\{v_1, v_2, v_3, v_4, v_5\}$ 来表示。

（3）确立各个风险因素的权值

由于东盟农业投资所面临的各种风险对投资项目实施可能带来的影响有所差异，就需要运用层次分析法（AHP），通过专家评分的方法建立两两判断矩阵来确定各风险因素的权重。由此，可以依次确定各个子因素集 $U_i=\{U_{i1}, U_{i2}, \dots, U_{in}\}$ 中风险因素 u_{ij} 对 U_i 的权重 $A_i=\{a_{i1}, a_{i2}, \dots, a_{in}\}$，以及主因素集 $U=\{U_1, U_2, \dots, U_m\}$ 中每一类风险因素 U_i 对的 U 权重 $A=\{a_1, a_2, \dots, a_m\}$。

（4）对子因素集 U 进行第一级模糊综合评价

利用德尔菲法可以得到 u_{ij}（$i=1, 2, \dots, m$）对风险等级 v_t（$t=1, 2, 3, 4, 5$）的隶属度 r_{ijt}，其中 $r_{ijt}=k_{itj}/k$（k 表示风险评价专家的数目，k_{itj} 表示风险评价专家认为风险因素 u_{ij} 的风险等级为 v_t 的人数），从而可以计算出子因素集 U_i 的第一级风险模糊评价的隶属矩阵：

$$R_i=\begin{pmatrix} r_{i11} & r_{i12} & r_{i13} & r_{i14} & r_{i15} \\ r_{i21} & r_{i22} & r_{i23} & r_{i24} & r_{i25} \\ \cdots & \cdots & \cdots & \cdots & \cdots \\ r_{in1} & r_{in2} & r_{in3} & r_{in4} & r_{in5} \end{pmatrix}, \ i=1, 2, \dots, m \qquad (6-8)$$

其中，$\sum_{t=1}^{5} r_{ijt}=1$；$j=1, 2, \dots, n$；n 表示 U_i 中风险子因素的个数。于是我们可以得到第一级模糊综合评价结果：

$$B_i=A_i \cdot R_i=(a_{i1}, a_{i2}, \dots, a_{in}) \cdot \begin{pmatrix} r_{i11} & r_{i12} & r_{i13} & r_{i24} & r_{i25} \\ r_{i21} & r_{i22} & r_{i23} & r_{in4} & r_{in5} \\ \cdots & \cdots & \cdots & \cdots & \cdots \\ r_{in1} & r_{in2} & r_{in3} & r_{i14} & r_{i15} \end{pmatrix}=$$

$$(b_{i1}, b_{i2}, b_{i4}, b_{i5}) \qquad (6-9)$$

其中 $b_{it}=\sum_{j=1}^{n} a_{in} \cdot r_{ijt}(t=1, 2, 3, 4, 5)$。

(5) 对主因素集 U 进行第二级模糊综合评价

将子因素 U_i 作为一个单独的风险因素，用 B_i 代表子因素 U_i 的单因素评价，从而可以得出第二级模糊评价的隶属矩阵，用 $R=(B_1, B_2, \dots, B_m)^T$ 表示，U_i 对 U 的权重为 $A=(a_1, a_2, \dots, a_m)$，于是可以得到第二级模糊综合评价结果：

$$B=A\cdot R=(a_1, a_2, \dots, a_m)\cdot(B_1, B_2, \dots, B_m)^T=(b_1, b_2, \dots, b_m) \tag{6-10}$$

若 $\sum_{t=1}^{5} b_1 \neq 1$，则对 $B=(b_1, b_2, \dots, b_5)$ 进行规范化处理，令 $\widetilde{b}_t = b_t/\sum_{t=1}^{5} b_t$，这样就可以计算出风险模糊评价向量：$\widetilde{B}=(\widetilde{b}_1, \widetilde{b}_2, \dots, \widetilde{b}_5)$。

(6) 对模糊综合评价结果的处理

湖北 HS 公司投资东盟农业风险的模糊评价向量 $\widetilde{B}$ 的元素 $\widetilde{b}_t$ ($t=1, 2, 3, 4, 5$) 称为模糊综合评价指标，其含义为：将投资所面临的所有风险因素的可能影响纳入考虑范围时，风险评价集中第 t 个风险评价等级的隶属度。在对风险进行实际评价时，可按下面两种方法对评价结果进行处理：

①模糊分布法。这种方法直接把风险评价指标或规范化的风险评价指标作为最终评价结果。各个风险评价指标反映的是评价对象在评价特征方面的分布状态，这样有助于评价者对所评价的对象有更深的了解，以便在需要时能够做出各种灵活的调整和处理。

②最大隶属度法。该处理方法仅考虑最大评价指标的贡献，即取最大的评价指标 $\max\{b_t\}$ 相对应的评价元素作为东盟农业投资风险等级。该方法的缺点是舍去了其他评价指标提供的信息，并且，当最大的评价指标不止一个时，则很难确定具体的评价结果。所以，只有当最大的评价指标只有一个，且比其他评价指标大很多时，最大隶属度法才

适用。

2. 案例分析——以湖北 HS 公司为例

湖北 HS 公司自 2007 年完成改制后，积极实施农业“走出去”战略，先后在东南亚和非洲的部分国家建立了国际种子试验基地。公司注重科研技术投入，拥有 30 余名技术人员常年在国外开展新品种的选育、试验、示范，进行交叉、巡回育种。已培育出具有自主知识产权的品种 28 个，拥有独家开发权的品种 37 个，拥有海外注册品种 15 个，正在国外参加国家试验的品种 20 多个。公司注重品种海外市场拓展，种子出口量连续多年名列国内行业出口前列。

湖北 HS 公司在国家农业“走出去”战略的背景下，根据企业发展战略需要，为进一步开拓国际市场，拟到东盟 X 国①进行农业投资，利用 X 国农业资源开展新品种的选育、试验和示范活动，从而进一步提高企业在东南亚各国的市场竞争力。为保障投资项目的顺利进行，公司聘请了 10 位农业投资相关领域的专家学者，对公司到 X 国开展农业投资活动可能面临的各类风险进行综合考察和分析。这一部分将采用模糊层次分析方法（F-AHP）对湖北 HS 公司前往 X 国开展农业投资活动进行风险评价。

（1）构建风险评价指标体系

湖北 HS 公司前往 X 国开展农业投资活动面临的风险影响因素众多，本研究在选取类别时从系统性、可操作性出发，经过查阅、学习相关风险预警文献，总结了两级 21 个风险影响因素，其中一级指标 5 个，二级指标 16 个，具体风险评价指标体系的递进层次结构见表 6-4。

① 需要特别说明的是，应本研究依托项目合作单位湖北 HS 公司的要求和农业投资项目的事前保密性，本书此处隐去具体的投资目标国的名称。

表 6-4　东盟农业投资风险评价指标体系

评价目标层	主准则层	分准则层
	风险评价主因素	风险评价子因素
东盟农业投资风险	政治风险 U_1	政局变动风险 u_{11} 东道国农业保护主义风险 u_{12} 战争风险 u_{13}
	经济风险 U_2	金融危机风险 u_{21} 融资风险 u_{22} 农业政策风险 u_{23}
	人力风险 U_3	农业技术风险 u_{31} 农业人才风险 u_{32} 农业劳动力风险 u_{33}
	自然风险 U_4	洪涝风险 u_{41} 干旱风险 u_{42} 病虫害风险 u_{43} 森林火灾风险 u_{44}
	决策风险 U_5	社会文化差异风险 u_{51} 市场竞争风险 u_{52} 成本变化风险 u_{53}

对该公司投资东盟农业风险评价而言，风险评价主因素集 $U=\{U_1, U_2, \ldots, U_5\}$，$U_1$=政治风险；$U_2$=经济风险；$U_3$=人力风险；$U_4$=自然风险；$U_5$=决策风险。

子因素集为：

$U_1=\{u_{11}, u_{12}, u_{13}\}$　　$U_2=\{u_{21}, u_{22}, u_{23}\}$

$U_3=\{u_{31}, u_{32}, u_{33}\}$　　$U_4=\{u_{41}, u_{42}, u_{43}, u_{44}\}$

$U_5=\{u_{51}, u_{52}, u_{53}\}$

（2）建立风险模糊评价集

根据东盟农业投资风险实际情况及风险评价的要求，将风险程度划分为 5 个等级：$V=\{v_1, v_2, v_3, v_4, v_5\}$，即 $V=\{$无风险，轻风险，中风险，重风险，高风险$\}$，风险变动范围为［0，1］，对应的各等级风险区间为［0，0.2］、(0.2，0.4]、(0.4，0.6]、(0.6，0.8］和

(0.8，1]，同时借鉴我国经济预警方式分别选取绿、蓝、黄、橙、红作为风险等级 $v_1 \sim v_5$ 的预警指示。

（3）确立各风险因素权值

专家们通过对上述递进层级化风险因素指标体系进行评价：

首先，主因素判断矩阵可构建如下：

$$主因素判断矩阵，H=\begin{bmatrix} 1 & 3 & 5 & 7 & 4 \\ 1/3 & 1 & 4 & 5 & 2 \\ 1/5 & 1/4 & 1 & 5 & 1/3 \\ 1/7 & 1/5 & 1/5 & 1 & 1/51/4 \end{bmatrix}$$

其次，运用和积法处理判断矩阵 H，求得主因素权重为

$$A=(0.471，0.233，0.099，0.038，0.159)$$

最后，利用 HA 计算其最大特征值，求得结果为 $\lambda_{max}=5.395$，$C.I.=0.099$，$R.I.=1.12$，因此，随机一致性比率 $C.R.=0.08<0.10$，则可以认为判断矩阵具有可以接受的一致性。

同理，可计算出各子因素集权重：

政治风险各子因素风险集权重：$A_1=(0.524，0.283，0.193)$

经济风险各子因素风险集权重：$A_2=(0.275，0.173，0.157)$

人力风险各子因素风险集权重：$A_3=(0.355，0.317，0.227)$

自然风险各子因素风险集权重：$A_4=(0.213，0.147，0.317，0.323)$

决策风险各子因素风险集权重：$A_5=(0.254，0.148，0.306)$

（4）风险因素的模糊综合评价

10 位专家学者对该投资项目中每一风险因素的各个评价指标进行评价，得出各指标对应各风险评价等级隶属度，具体评价结果汇总见表 6-5。

表 6-5　专家对风险因素的模糊综合评价结果

因素＼等级		V_1		V_2		V_3		V_4		V_5	
		人数	比例	人数	比例	人数	比例	人数	比例	人数	比例
U_1	u_{11}	0	0	0	0	1	0.1	4	0.4	5	0.5
	u_{12}	0	0	2	0.2	6	0.6	2	0.2	0	0
	u_{13}	0	0	0	0	3	0.3	5	0.5	2	0.2
U_2	u_{21}	0	0	2	0.2	5	0.5	3	0.3	0	0
	u_{22}	1	0.1	6	0.6	2	0.2	1	0.1	0	0
	u_{23}	2	0.2	4	0.4	4	0.4	0	0	0	0
U_3	u_{31}	0	0	1	0.1	3	0.3	5	0.5	1	0.1
	u_{32}	0	0	2	0.2	6	0.6	2	0.2	0	0
	u_{33}	0	0	1	0.1	7	0.7	2	0.2	0	0
U_4	u_{41}	0	0	7	0.7	2	0.2	1	0.1	0	0
	u_{42}	1	0.1	5	0.5	1	0.1	2	0.2	1	0.1
	u_{43}	0	0	1	0.1	4	0.4	5	0.5	0	0
	u_{44}	0	0	1	0.1	3	0.3	4	0.4	2	0.2
U_5	u_{51}	0	0	1	0.1	2	0.2	5	0.5	2	0.2
	u_{52}	0	0	2	0.2	4	0.4	3	0.3	1	0.1
	u_{53}	0	0	0	0	2	0.2	4	0.4	4	0.4

根据表 6-5，得到模糊矩阵：

$$R_1=\begin{bmatrix} 0 & & & & \\ 0 & & & & \\ 0.1 & 0.4 & 0.5 & & \\ 0 & 0.2 & 0.6 & 0.2 & 0 \\ 0 & 0 & 0.3 & 0.5 & 0.2 \end{bmatrix} \quad R_2=\begin{bmatrix} 0 & & & & \\ 0.2 & & & & \\ 0.5 & 0.3 & 0 & & \\ 0.1 & 0.6 & 0.2 & 0.1 & 0 \\ 0.2 & 0.4 & 0.4 & 0 & 0 \end{bmatrix}$$

$$R_3=\begin{bmatrix} 0 & & & & \\ 0.1 & & & & \\ 0.3 & 0.5 & 0.1 & & \\ 0 & 0.2 & 0.6 & 0.2 & 0 \\ 0 & 0.1 & 0.7 & 0.2 & 0 \end{bmatrix} \quad R_4=\begin{bmatrix} 0 & & & & \\ 0.7 & & & & \\ 0.2 & 0.1 & 0 & & \\ 0.1 & 0.5 & 0.1 & 0.2 & 0.1 \\ 0 & 0.1 & 0.4 & 0.5 & 0 \\ 0 & 0.1 & 0.3 & 0.4 & 0.2 \end{bmatrix}$$

$$R_5=\begin{bmatrix} 0 & & & & \\ 0.1 & & & & \\ 0.2 & 0.5 & 0.2 & & \\ 0 & 0.2 & 0.4 & 0.3 & 0.1 \\ 0 & 0 & 0.2 & 0.4 & 0.4 \end{bmatrix}$$

于是，利用公式 $B_i=A_i\cdot R_i$（$i=1, 2, 3, 4, 5$）构建以下模糊评价：

政治风险的模糊综合评价结果：

$$B_1=A_1\cdot R_1=(0.524, 0.283, 0.193)\cdot\begin{bmatrix} 0 & 0 & 0.1 & 0.4 & 0.5 \\ 0 & 0.2 & 0.6 & 0.2 & 0 \\ 0 & 0 & 0.3 & 0.5 & 0.2 \end{bmatrix}$$

$=(0, 0.057, 0.28, 0.363, 0.301)$

同理，可计算得出经济风险、人力风险、自然风险和决策风险的模糊综合评价结果，分别是：

$B_2=(0.115, 0.501, 0.287, 0.097, 0)$

$B_3=(0, 0.135, 0.61, 0.241, 0.014)$

$B_4=(0.015, 0.287, 0.281, 0.338, 0.079)$

$B_5=(0, 0.131, 0.282, 0.407, 0.18)$

接下来，利用公式 $B=A\cdot R$ 构建二级模糊综合评价矩阵，其中 A 为主因素权重，$R=(B_1, B_2, B_3, B_4, B_5)^T$

于是，通过计算可得到湖北 HS 公司前往东盟 X 国开展农业投资活动的风险模糊综合评价结果：

$$B=(0.471,\ 0.233,\ 0.099,\ 0.038,\ 0.159)\cdot\begin{bmatrix}0 & 0.057 & 0.28 & 0.363 & 0.301\\ 0.115 & 0.501 & 0.287 & 0.097 & 0\\ 0 & 0.135 & 0.61 & 0.241 & 0.014\\ 0.015 & 0.287 & 0.281 & 0.338 & 0.079\\ 0 & 0.131 & 0.282 & 0.407 & 0.18\end{bmatrix}$$

$$=(0.027,\ 0.189,\ 0.315,\ 0.295,\ 0.175)$$

风险评价结果依据前文对风险的划分得到如下判断，具体结果见表6-6。

表 6-6　风险评价结果

风险程度	无风险	轻风险	中风险	重风险	高风险
隶属度	0.027	0.189	0.315	0.295	0.175
预警指示	绿灯	蓝灯	黄灯	橙灯	红灯

（5）风险评价结果分析

依据上述风险模糊综合评价结果，从最大隶属度原则来看，聘请的相关专家学者认为湖北 HS 公司前往东盟 X 国开展农业投资存在中等和重大风险的可能。从模糊分布来看，有大约 21.6%的专家学者认为该东盟农业投资项目风险不大（其中 2.7%的专家学者认为无风险，18.9%的专家学者认为存在轻微风险），而大约 80%的专家学者认为东盟农业投资项目存在较大风险（其中，中风险 31.5%，重风险 29.5%，高风险 17.5%）。从上述模糊评价结果来看，湖北 HS 公司前往东盟 X 国开展农业投资存在较大风险。

得出上述结果，除了本研究具有一定的主观性和局限性，可能还存在以下几个方面的原因：

第一，由于近几年来中国与东盟个别国家因对部分领土主权的分歧，不断产生摩擦，造成双方人员、财产损失，这种情况势必会影响两国国际关系，进而影响中国企业在当地的经营环境，甚至目标国民众对国家间分歧的误解被部分人煽动、利用，转而对中国企业进行攻击、破坏。同时，东盟部分国家国内政局本身也不稳定，这些都会对东盟农业投资风险评价产生影响。

然而，国际形势是在不断发展的，国际秩序也是在不断改善的。在中国与东盟全面经济合作框架下，中国高层领导多次走访东盟国家，与东盟国家合作关系不断改善，特别是在农产品贸易方面。所以本研究对政治风险重要性的估计可能略高。

第二，农产品特别是粮食作物品种生产种植存在一定地域局限性。企业投资东盟农业的过程中，除面临干旱、洪涝、病虫害等传统自然风险外，还面临因国内培育的品种可能在东道国水土不服带来的风险，这不仅增大了企业投资东盟农业的风险，还可能限制企业“走出去”的步伐，进而影响国家层面上农业“走出去”战略的顺利实施。

6.2.3　风险方案抉择

由于东盟农业投资面临的各类风险所带来的影响程度会有所差异，故而企业在投资项目决策中面临不同的风险方案。如何在风险识别的基础上，选择投资风险最小的方案，降低投资失败的概率，对于东盟农业投资企业具有重要的现实意义。

灰色关联分析法（GRAP 法）是在 1982 年邓聚龙教授提出的灰色系统理论基础上形成的一种处理随机变量的分析方法。[①] 按照灰关联分析法的思路，它能够对两个处于不同状态的系统进行对比分析。具体来讲，它可以通过计算不同投资项目方案与最优方案之间的关联程度来判断项目的风险程度差异。事实上，灰关联分析法也是当前普遍应用的评价方法，主要应用领域包括环境质量的评价、经济效益评价、绩效评价、项目风险评价等方面。企业在项目决策时可能会面临诸多不确定性

① 刘思锋，徐忠祥．灰色系统研究新进展［M］．武汉：华中理工大学出版社，1996：56.

因素，因而项目实施存在风险不可避免。在这一部分，本研究借鉴灰色理论的思想和颜晓晖（2007）的做法，将东盟农业投资企业视作一个灰色系统，农业投资项目实施作为该灰色系统运行的一种重要手段，以湖北 HS 公司前往东盟 X 国开展农业投资为案例分析对象，运用灰色关联分析方法对东盟农业投资项目的不同选择方案进行风险评价。在此基础上，将评价结果与上一节采用风险模糊综合评价得出的结果进行比较，不仅可以检验上述结果的稳健性，更可以检验灰色关联分析方法对东盟农业投资项目的风险评价是否可行和有效。

1. 东盟农业投资风险方案的灰关联评价模型

通过上文的分析我们可以得知，企业在前往某国开展境外农业投资活动进行项目决策时，往往会由于不同方案中对各类风险因素的判断不同，从而使得企业在项目方案选择中面临多种不同的风险可能性方案。在这一部分，我们将首先介绍如何通过运用灰色关联分析方法建立灰色关联评价模型。

（1）几个主要的灰色关联评价指标

灰色关联分析方法主要由两个主要的指标来反映，一个是灰关联系数，另一个是灰关联度。其中，灰关联度指标反映两个灰色系统之间的相似程度。这里将两个灰色系统用两组数列来表示，设两组数列分别为 $\{x_i(t), x_j(t)\}$，$t=1, 2, \ldots, n$，那么在 $t=k$ 时刻，两组数列之间的灰关联度可表示为

$$r_{ij} = \frac{1}{n} = \sum_{k=}^{n} \varepsilon_{ij}(k) \tag{6-11}$$

其中，$\varepsilon_{ij}(k)$ 为两组数列 i 和 j 之间的灰关联系数，可表示为

$$\varepsilon_{ij} = \frac{\Delta\min + \rho\Delta\max}{\Delta_{ij}(k) + \rho\Delta\max} \tag{6-12}$$

式（6-12）中，$\Delta_{ij}(k)$ 反映的是在第 k 时刻两组数列 i 和 j 之间的绝对差，可表示为

$$\Delta_{ij}(k)=|x_i(k)-x_j(k)| \tag{6-13}$$

Δmax、Δmin 反映的是在各个时刻时两组数列绝对差的最大和最小值，通常情况下，Δmin=0；ρ 表示的是分辨系数，$0<\rho<1$，通常用 $\rho=0.5$ 来表示。

（2）东盟农业投资风险方案的灰关联评价原理

这里需要首先构建东盟农业投资方案的风险特征矩阵，假设农业投资项目决策由 K 个方案组成，而每个方案是一个由 n 类风险因素组成的特征向量。于是，风险特征矩阵可用式（6-14）来表示：

$$[x_R]=\begin{bmatrix} x_{R1} \\ x_{R2} \\ \vdots \\ \vdots \\ x_{RK} \end{bmatrix}=\begin{bmatrix} x_{R1}(1) & x_{R1}(2) & \cdots & x_{R1}(n) \\ x_{R2}(1) & x_{R2}(2) & \cdots & x_{R2}(n) \\ \vdots & \vdots & \vdots & \vdots \\ \vdots & \vdots & \vdots & \vdots \\ x_{RK}(1) & x_{RK}(2) & \cdots & x_{RK}(n) \end{bmatrix} \tag{6-14}$$

其中，$x_{Rj}(t)$，$t=1, 2, \ldots, n$ 反映的是在方案 j 中第 t 个风险因素在该风险方案中的影响程度，可通过专家评判打分来确定。如果东盟农业投资项目由 K 组待检数据构成，那么该待检方案的风险特征矩阵可参照类似的办法构建，如式（6-15）所示：

$$[x_T]=\begin{bmatrix} x_{T1} \\ x_{T2} \\ \vdots \\ \vdots \\ x_{TK} \end{bmatrix}=\begin{bmatrix} x_{T1}(1) & x_{T1}(2) & \cdots & x_{T1}(n) \\ x_{T2}(1) & x_{T2}(2) & \cdots & x_{T2}(n) \\ \vdots & \vdots & \vdots & \vdots \\ \vdots & \vdots & \vdots & \vdots \\ x_{TK}(1) & x_{TK}(2) & \cdots & x_{TK}(n) \end{bmatrix} \tag{6-15}$$

需要特别说明的是，式（6-15）中的每一行特征向量 $\{x_{Tj}\}$ 代表的是一个待检方案，每一个特征向量 $\{x_{Tj}\}$ 的元素 $x_{Tj}(t)$，$t=1, 2, \ldots, n$ 反映的是在待检方案 j 中第 t 个风险因素在该风险方案中的影响程度。关联度序列 $\{x_{TjRi}\}=\{r_{TjR1}, r_{TjR2}, \cdots, r_{TjRK}\}$ 是通过计算风险方案向量 $\{x_{Tj}\}$ 和 $\{x_{Ri}\}$ 之间的关联度而得来的。这里的风险方案之间的关联度大小反映的是东盟农业投资各个方案与风险之间的紧密程度，该值越大意味着此方案存在的风险可能越大，反之亦然。将不同风险方案的灰关联度按照大小进行排序，并将其作为东盟农业投资风险方案选择的参考依据。

（3）东盟农业投资风险方案的灰关联评价步骤

①构建企业对东盟农业投资的风险向量

东盟农业投资可能存在的风险是由各类风险因素共同作用的，各类风险因素的组合不同会导致东盟农业投资的方案有所差异，即使对于一个风险因素而言其在不同方案中的作用程度也会存在差异。假设 K_i（$i=1, 2, \ldots, m$）表示的是项目决策时的待检方案，x_j（$j=1, 2, \ldots, n$）表示的是东盟农业投资项目可能面临的风险因素，于是我们可以构建东盟农业投资项目风险的函数表达式：

$$\phi(x_j)=\phi(x_1, x_2, \cdots, x_n) \tag{6-16}$$

这里，x_j 在实际计算时可由各类风险因素在每个待检方案中的影响程度（即风险概率）大小来代理。

②建立东盟农业投资项目的风险特征矩阵

为便于下文计算和分析，这里为东盟农业投资项目风险函数设定一个临界值 l，若 $x_j \geq l$，则 $x_j=1$，反之 $x_j=0$，函数表达形式为

$$\phi(x_j)=\begin{cases}1 & x_j \geq l \\ 0 & x_j < l\end{cases} \tag{6-17}$$

于是，由 m 个待检方案组成的风险特征矩阵可表示为

$$[T_K]=\begin{bmatrix}T_{K1}\\T_{K2}\\\vdots\\\vdots\\T_{Km}\end{bmatrix}=\begin{bmatrix}T_{K1}(1) & T_{K1}(2) & \cdots & T_{K1}(n)\\T_{K2}(1) & T_{K2}(2) & \cdots & T_{K2}(n)\\\vdots & \vdots & \vdots & \vdots\\\vdots & \vdots & \vdots & \vdots\\T_{Km}(1) & T_{Km}(2) & \cdots & T_{Km}(n)\end{bmatrix} \tag{6-18}$$

③确定待检方案向量

由上文分析可知，不同的风险待检方案是由各类风险因素构成的，而风险因素在不同投资方案中的影响程度可能不同，即便同一风险因素其在不同的风险待检方案中的影响大小也会存在差异。风险因素的影响程度表示的是某一风险因素在东盟农业投资活动中可能对整个项目的风险影响大小，在实际度量中，学术界普遍采用专家评判打分法对各类风险因素 x_j（$j=1$，2，…，n）的影响程度进行数值量化处理，函数表达式为

$$W_j = \frac{\sum_{i=1}^{N} x_{ij}}{N},\ j = 1,\ 2,\ \ldots,\ n \tag{6-19}$$

在式(6 - 19) 中，N 表示的是项目决策时聘请的专家人数；x_{ij} 表示的是第 i 个评判专家对第 j 个风险因素对项目的影响程度的评判值；$\sum_{i=1}^{N} x_{ij}$ 表示的是所有评判专家对第 j 个风险因素的影响程度评判值的总和。于是，按照各类风险因素的影响程度可构建一个由 n 个风险因素组成的待检向量$\{x_\pi\}$，可表示为

$$\{x_\pi\} = \{x_\pi(1),\ x_\pi(2),\ \cdots,\ x_\pi(n)\} = (w_1,\ w_2,\ \cdots,\ w_n) \tag{6-20}$$

④计算灰色关联系数和灰色关联度

按照上述式（6-11）灰色关联度和式（6-12）灰色关联系数的表达式，可计算出待检数据向量 $\{x_\pi\}$ 与风险特征向量 $\{T_{Ki}\}$（$i=1$，2，…，m）之间的灰色关联度，并将其按照大小进行排序，便可找出东盟农业投资方案中的最小风险方案。

2. 实例分析——以湖北 HS 公司为例

为便于与上一节采用风险模糊综合评价结果进行对比分析，这一节依然以湖北 HS 公司计划前往东盟 X 国开展农业投资活动为例。聘请的 10 位专家学者对湖北 HS 公司事前拟订的四种投资方案进行评价，为公

司投资决策提供参考依据。为保持前后分析的一致性，这里依然选取政治、经济、人力、自然和决策五大类因素作为湖北 HS 公司投资东盟农业可能面临的主要风险因素。聘请的风险评判专家利用德尔菲法赋予了各个风险因素的重要度权值，见表 6-7。

表 6-7　东盟农业投资风险因素重要度 w_j 值

风险因素	政治风险	经济风险	人力风险	自然风险	决策风险
重要度	0.471	0.233	0.099	0.038	0.159

同时，专家们通过利用上一节介绍的层次分析法（AHP）对湖北 HS 公司拟订的四种方案中的五大风险因素进行评判打分，从而确定各风险因素在不同方案中的权重，见表 6-8。在此基础上，按照上述灰色关联理论即可计算出四种方案的风险可能性大小，进而对其进行排序选出风险最小的方案。

表 6-8　东盟农业投资方案中风险因素 x_j 的权重值

拟订方案	政治风险	经济风险	人力风险	自然风险	决策风险
方案 1	0.296	0.262	0.136	0.112	0.194
方案 2	0.219	0.338	0.113	0.100	0.230
方案 3	0.172	0.193	0.224	0.200	0.211
方案 4	0.263	0.182	0.140	0.191	0.224

（1）计算典型风险特征矩阵

由以上分析可知，影响湖北 HS 公司在东盟 X 国开展农业投资有效性的风险因素有 5 个，即 $n=5$。将风险权重的临界值设为 $l=0.2$，由式（6-18），典型风险特征矩阵可构建如下：

$$[T_K]=\begin{bmatrix}T_{K1}\\T_{K2}\\T_{K3}\\T_{K4}\end{bmatrix}=\begin{bmatrix}1&1&0&0&0\\1&1&0&0&1\\0&0&1&1&1\\1&0&0&0&1\end{bmatrix}$$

（2）构建待检方案向量

采用德尔菲法对五类风险因素对东盟农业投资的影响程度进行评判，得出五类风险因素的重要度 w_j 值，可以构建如下的待检方案向量：$\{x_\pi\} = \{w_1, w_2, w_3, w_4, w_5\} = \{0.471, 0.233, 0.099, 0.038, 0.159\}$

（3）计算关联度

以 $\{x_\pi\} = \{0.471, 0.233, 0.099, 0.038, 0.159\}$ 为母因素，T_{Ki}（$i=1, 2, 3, 4$）为子因素。

①$\{x_\pi\}$ 作初始化处理，得：$x_\pi = \{1, 0.495, 0.210, 0.081, 0.338\}$

$T_{k1}=(1, 1, 0, 0, 0)$ $T_{k2}=(1, 1, 0, 0, 1)$

$T_{k3}=(0, 0, 1, 1, 1)$ $T_{k4}=(1, 0, 0, 0, 1)$

②差序列

由式（6-13）可知，$\Delta\pi Ki(k) = |x_\pi(k) - T_{Ki}(k)|$，（$i=1, 2, 3, 4$；$k=1, 2, 3, 4, 5$），于是有：

$\Delta\pi K_1=(0, 0.505, 0.210, 0.081, 0.338)$

$\Delta\pi K_2=(0, 0.505, 0.210, 0.081, 0.662)$

$\Delta\pi K_3=(1, 0.495, 0.790, 0.919, 0.662)$

$\Delta\pi K_4=(0, 0.495, 0.210, 0.081, 0.662)$

③两极最大差和最小差

$\max\limits_k |x_\pi(k) - T_{k1}(k)| = 0.505$

$\max\limits_k |x_\pi(k) - T_{k2}(k)| = 0.662$

$\max\limits_k |x_\pi(k) - T_{k3}(k)| = 1$

$\max\limits_k |x_\pi(k) - T_{k4}(k)| = 0.662$

$\therefore \Delta_{\max} = \max\limits_i \max\limits_k |x_\pi(k) - T_{ki}(k)| = 1$，$\Delta_{\min} = 0$

④算关联系数

取 $\rho=0.5$，依式 $\in_{\pi Ki(k)} = \dfrac{\Delta\min + \rho\Delta\max}{\Delta_{\pi Ki}(k) + \rho\Delta\max}$，求得表 6-9。

表 6-9　东盟农业投资方案的灰关联系数

	$k=1$	$k=2$	$k=3$	$k=4$	$k=5$
$i=1$	1	0.498	0.704	0.861	0.597
$i=2$	1	0.498	0.704	0.861	0.430
$i=3$	0.333	0.503	0.388	0.352	0.430
$i=4$	1	0.503	0.704	0.861	0.430

⑤计算关联度

由式 $r_{\pi ki}=\dfrac{1}{n}\sum_{k=1}^{n}\varepsilon_{\pi Ki(k)}$ 可得表 6 - 10。

表 6-10　东盟农业投资方案的灰关联度

$r_{\pi K1}$	$r_{\pi K2}$	$r_{\pi K3}$	$r_{\pi K4}$
0.732	0.699	0.401	0.700

由表 6-10 可知，T_{Ki} 对 X_{π} 的关联度大小依次为：$r_{\pi K1}>r_{\pi K4}>r_{\pi K2}>r_{\pi K3}$。由灰关联度的排序结果可以判断，在湖北 HS 公司拟订到东盟 X 国进行农业投资的四种方案中，按照投资风险发生的可能性进行排序，四种方案的风险大小依次为：方案 1、方案 4、方案 2 和方案 3，由此可以判断四种方案中风险最小的为方案 3，方案 1 为四种方案中风险发生可能性最大的方案。综上所述，四种方案中风险最小、最优的方案为方案 3，聘请的专家学者通过对比分析一致认为该结果符合预期判断，是最理想的选择方案。

6.2.4　风险评价对比与结论

为了将风险模糊层次评价法与灰关联评价方法做比较分析，我们不妨先采用前文介绍的模糊层次评价法对湖北 HS 公司投资东盟农业所拟订的四个方案进行风险评价。

设 $B=A\cdot R$，

其中，B——风险隶属综合矩阵；

A——风险因素重要度矩阵；

R——风险因素隶属关系函数值矩阵。

为简化起见，这里假设湖北 HS 公司投资东盟农业可能面临的风险评价指标集仍为：$U=$（政治风险，经济风险，人力风险，自然风险，决策风险）；风险模糊评价集假设为：$V=$ {大，小}，这里是用于判断风险模糊评价结果的简化表示。由上文分析可知，湖北 HS 公司投资东盟农业风险因素重要度 w_j 值矩阵为：$A=$ {0.471，0.233，0.099，0.038，0.159}，模糊评判矩阵可表示为

$$R_1=\begin{bmatrix}1&0\\1&0\\0&1\\0&1\\0&1\end{bmatrix}\quad R_2=\begin{bmatrix}1&0\\1&0\\0&1\\0&1\\1&0\end{bmatrix}\quad R_3=\begin{bmatrix}0&1\\0&1\\1&0\\1&0\\1&0\end{bmatrix}\quad R_4=\begin{bmatrix}1&0\\0&1\\0&1\\0&1\\1&0\end{bmatrix}$$

利用公式 $B_i=A\cdot R_i$（$i=1$，2，3，4），可以分别计算出四种方案的风险模糊综合评价结果：

$B_1=$（0.704，0.296）　　$B_2=$（0.863，0.137）

$B_3=$（0.296，0.704）　　$B_2=$（0.630，0.370）

从以上四种方案的模糊综合评价结果来看，方案 3 的评价结果表明湖北 HS 公司投资东盟农业项目存在较大风险的可能性仅为 29.6%，可以认定该方案是四种拟订方案中风险最小的方案，可以作为湖北 HS 公司投资东盟农业的最优选择方案。相反，方案 2 的结果显示，风险发生的概率为 86.3%，因此可以认为该方案为风险最大的方案。

综上所述，这一节采用灰色关联理论建立灰关联评价模型，对湖北 HS 公司投资东盟农业四种拟订方案的风险进行了评价，并在此基础上采用上一节采用的风险模糊综合评价法对四种方案的风险进行对比分析，从两种方法的风险评价结果来看，两者所得结论几乎完全相同。然而，值得注意的是，灰色关联分析方法对风险评价的过程和结果与模糊

综合评价法的分析过程和结果相比，相对更为客观和清晰。模糊综合评价法是通过构建东盟农业投资风险因素的隶属关系函数来刻画各个因素之间的模糊关系，在具体评价过程中似乎更加依赖极值在模糊评价中的作用，相应地忽略了其他可能存在的风险因素的影响。这一过程所带来的一个致命弱点是，模糊综合评价结果极易受极值参数的影响，从而对项目的风险评价有失客观和精确。与模糊综合评价法相比，灰色关联分析方法是一种在不确定系统特征下通过对已知的可控信息的考察来对比和研究该不确定系统的内在本质特征。因此，在湖北 HS 公司投资东盟农业项目方案的风险评价中，它可以将影响项目有效性的各类风险因素对项目的影响程度进行量化，通过对已知信息的把握相对较为全面地考虑了可能存在的各类风险的内在影响，评价结果也相对更为客观和科学。

灰色关联分析方法本身具有的“小数据”建模特征，可以有效克服数据不足的矛盾。[①] 诚然，灰色关联分析法可以有效弥补模糊综合评价法无法规避的不足，但是灰色关联分析法也具有其内在无法克服的缺陷，如风险评价指标之间的相关性所导致的信息重复、风险因素的重要度权值的主观特征，这些都会导致它对东盟农业投资风险进行精确度量。将灰色关联分析方法应用于东盟农业投资项目的风险评价仅是本书的一种新的尝试，所得出的评价结果也仅代表其统计意义上的内涵，其有效性和实用性仍然有待实践和时间的验证。

① 邓曦东．风险决策中的灰关联方法修正及其应用［J］．统计与决策，2006（1）．

第7章

东盟农业投资案例分析

7.1 聚龙公司构建国际化全产业链案例

7.1.1 企业背景

天津聚龙嘉华投资集团有限公司（以下简称“聚龙公司”）是一家集油料作物种植、油脂加工、港口物流、粮油贸易、油脂产品研发、品牌包装油推广与粮油产业金融服务于一体的全产业链跨国油脂企业。目前，聚龙公司在国内围绕华北、华东、华南建立了三大油脂集散地并开展油脂相关业务，年加工能力超过300万吨，年销售额突破200亿元，已成为中国棕榈油贸易领域市场份额最大的内资企业，占国内市场份额的22%。截至目前，企业有海内外员工1万余人，其中外籍员工近9000人。

聚龙公司在海内外事业发展过程中，始终以行业内世界级优秀企业为标杆，巩固开发上游资源，形成了以油棕榈种植、油料加工及油脂化工为主线的一级产业链，以及以棕榈油为主营产品的国际贸易和国际物流的二级产业链，在加速自身发展的同时也为保障国家粮油安全贡献力量。

7.1.2 农业对外投资的基本情况

粮油属于大宗农产品，具有周期性发展特征，每隔 4~5 年，国际棕榈油价格就会出现一次周期性波动，每个周期的大浪淘沙，都会淘汰掉竞争力相对较弱的企业。和大豆类似，棕榈油原料价格完全与国际接轨，其期货价格走势也以大豆为参照。不同的是，大豆在中国尚有生产，但棕榈树在国内尚没有条件作为经济作物种植，它只适合生长于赤道南北纬 10 度之间。最为重要的是上游种植园利润最丰厚，源头利润能占到整个产业链的 2/3 左右，越往下游，利润空间就越窄，只有成本控制能力强，体量大，才能活下来。

在与世界粮油巨头竞争的过程中，聚龙公司面临着这样的问题：要不要继续延伸产业链，向上游种植资源进军，到东南亚发展棕榈种植园？这是一个很艰难的抉择过程。反复权衡后，2005 年 9 月，聚龙公司管理团队达成一致意见，即“走出去”，进一步向上游延伸企业的产业链，实现由生产贸易型向上游种植资源的延伸。

在充分借鉴国际大粮油商开发经验的基础上，聚龙公司确定了 5 年开发 10 万公顷，10 年开发 20 万公顷，15 年开发 50 万公顷棕榈种植园的中长期发展目标。从 2005 年 10 月开始，企业高级管理团队分 6 批次前往东南亚等地，考察在东南亚开发棕榈种植园的可行性与经济性，整个考察周期历时 1 年多。经过科学系统的考察和全方位的综合比较，2006 年 10 月，公司第一个海外棕榈种植园在印度尼西亚加里曼丹省卡布瓦斯县当爱镇马努苏村一片已经被大火夷为荒地的种植园破土动工。聚龙公司在此投资建设的第一期棕榈种植园面积 1. 2 万公顷，育苗总数 228 万棵，由此开启了中国粮油企业开发海外种植基地的先河，也开启了公司向上游农业种植资源的延伸之路。

7.1.3　主要成效和经验

1. 坚定不移“走出去”，努力做成功跨国粮商

聚龙公司坚定不移地“走出去”，努力从市场、资源与定价机制三个方面发力，从中寻找价值机会，并为国家粮油安全贡献力量。

从市场的角度看，棕榈油已被广泛用于餐饮及食品工业的各个领域，中国已成为世界第二大棕榈油进口国和消费国，预计到2020年棕榈油消费量将达到1200万吨。由于国内不具备棕榈油的种植条件，中国企业不“走出去”就不可能有效保障国内市场需求，也就不能充分参与全球市场竞争；从资源的角度看，以油脂油料为例，中国对外依存度超过70%，按照2014年数据，若想以国内资源满足油脂需求，需增加7亿亩耕地，但国内耕地资源有限，不可能再有扩大油脂油料生产的土地，这就决定了中国只能“走出去”到海外进行棕榈油资源开发和国际合作；从定价机制的角度看，在当前棕榈油产业国际定价机制下，是否拥有足够规模的棕榈种植园是决定企业市场话语权的关键因素。企业拥有20万公顷种植园，就可以参与国际市场定价；拥有50万公顷种植园，就将对国际市场价格产生重大影响；拥有100万公顷种植园，将能在国际市场定价中具有决定权。聚龙公司的“走出去”的发展目标，就是要在国际棕榈油贸易方面形成主导性话语权。

鉴于上述因素，中国棕榈油产业发展必须开展国际农业产业合作，把中国的市场优势与亚太区域的资源优势结合起来。2006年开始，聚龙公司到印度尼西亚投资兴建棕榈种植园。目前，聚龙公司在印度尼西亚已经拥有总面积近20万公顷的棕榈种植园，累计开发种植面积6万公顷，配套建设完成3个压榨厂、2处河港物流仓储基地、1处海港深加工基地，海外总资产超过了15亿美元。其所有的工作重心，都是围绕资源利用进行产业配套建设。

2. 建设境外经贸合作区，搭建生产服务型企业平台

聚龙公司在海内外发展立足于将企业发展小战略与国家发展大战略相结合，充分利用两个市场和两种资源，在谋求企业自身发展的同时，还主动转变农业发展方式，积极构筑海外服务平台，打造产业及命运共同体。

（1）搭建服务平台，促进企业“抱团”集体“走出去”。聚龙公司在海外从事农业资源开发的过程中，逐渐体会到单体种植园的发展模式对种植园的规模化发展和企业国际化经营的制约；同时，在海外建立境外经贸合作区服务平台，吸引海内外企业入驻合作区不仅可以避免“单枪匹马”闯荡国际市场的风险与压力，还可以形成“抱团”优势，集体“走出去”实现产业对接及规模化发展。

（2）大力推进项目建设，合作区初具规模。在前期农业综合开发的基础上，聚龙公司大力推进“中国印度尼西亚聚龙农业产业合作区”项目建设。目前，合作区内已完成道路、供水、供电、排水、通信以及平整土地等基本配套建设。到 2015 年 6 月 30 日，合作区已获得工业用地面积 3.23 平方千米，实施企业累计投资 10307.45 万美元，其中基础设施建设投资近 8000 万美元。合作区累计吸引各类入区企业 12 家，包含 11 家中资控股的农产品种植加工型企业和 1 家外资控股的物流配套服务型企业，其中隶属于 4 家不同中资投资主体的 7 家入区企业已经开工建设、投产运营，共计投资 31652.53 万美元。

（3）合理布局规划，打造棕榈油全产业链园区。按照规划，聚龙公司将通过 8 年（2015—2022 年）时间，在印度尼西亚 4.21 平方千米的土地上，投资约 12.45 亿美元，通过规模化开发油棕资源，建设百万吨级棕榈油精深加工园区，打造高效通畅的收购、仓储和国际物流体系，搭建完善的农业开发公共服务平台等方式，将合作区建设成为以油棕种植开发、精深加工、收购、仓储物流为主导的全产业链园区，实现从原材料供给到销售的纵向一体化经营，构建庞大的交通运输能力和完

善的物流网络，从而为大宗商品交易奠定坚实的物流基础。

3. 创新农业开发新模式，推动企业健康可持续发展

“走出去”10年来，聚龙公司始终把“企业生产什么”与“给当地人留下什么”结合起来，努力构建和谐的自然、人文、社会环境，为企业的持续健康发展提供了有力保障。主要措施包括：

（1）高标准推进棕榈种植园开发。在种植园开发过程中，聚龙公司秉承可持续发展原则，坚持 RSPO 等国际标准和 ISPO 等印度尼西亚国家标准，注重当地环境保护，与当地企业合作开发环保型种植园。同时，公司成建制地引进成熟的种植园高水平管理团队、成体系地引进种植园标准化管理机制，保障了种植园开发的高标准和可持续性，为海外农业资源开发的规模化扩展与跨地域复制推广奠定了基础。

（2）大力推进企业管理创新。公司充分借鉴军队“支部建在连上”的优良传统，与“团长+政委+参谋长”的协同管理机制，建立了 2 个海外联合党支部和 10 余个青年志愿者组织，海外党支部的同志们结合所在国不同的意识形态，以“志愿者”身份深入一线扎实苦干。公司还积极创新组织管理机制，由外籍管理者担任团长负责种植园经营运作，由中国籍管理者担任政委负责综合协调，由华裔管理者担任参谋长负责种植园外围环境管理，探索建立了中国籍、原居民与华裔管理者“1∶1∶1”的协同管理模式，在经营管理上形成了优势互补的良好格局。

（3）构筑了最广泛的“统一战线”。为了消除误解，规避风险，聚龙公司成立了“环境部”，专门负责建立、维护、改进企业与当地各方社会关系。同时，还与当地村民大规模开展“合作种植”，形成了“公司+农户”的帮扶带动机制，真正做到将企业发展成果与当地民众共享。针对棕榈种植园大都处于基础设施落后地区的现状，聚龙公司通过精心设计布局，投入大笔资金修建交通、水电等基础设施，以及民族宗教设施、医院、学校、幼儿园等公共设施，极大地改善了当地村民的生

产生活条件，获得了当地政府和民众的支持。目前，每个种植园区都已经初步发展成为一个“小社会”，真正实现了政府、企业、村民的“共赢”。

在聚龙公司到来之前，当地村民以种植咖啡、可可等农作物为生，家庭年收入不足3000元人民币，而在成为聚龙公司的农业工人后，家庭月收入就超过了3000元。同时，聚龙公司与当地民众的“合作种植”事业也在快速发展，合作种植总面积约1万公顷，种植范围已覆盖周边的40多个村庄，有5000多个家庭、2万多人从中受益。

7.2 恒福糖业构建生态产业链案例

7.2.1 企业背景

中国恒福糖业集团有限公司成立于2000年，综合实力在中国十大制糖企业集团中排名第四，旗下有28家制糖公司，分布在广东、云南、广西、辽宁、海南以及国外。公司有员工1万多人，总资产近百亿元人民币，糖料日处理能力达8万吨以上，年产食糖85万吨，年加工原糖生产能力60万吨，年产食用酒精5.5万吨。

7.2.2 农业对外投资的基本情况

2010年，恒福糖业进军柬埔寨，注册成立了瑞峰（柬埔寨）国际有限公司。目前公司在柬已经完成投资3.6亿美元，拥有6.67万公顷长期租用柬埔寨王国政府的经济特许地、合作购买的农民土地，分别建成日榨甘蔗8000吨、2万吨的现代化制糖产业园，年生产蔗糖36万吨。其中，位于磅士卑省的日榨甘蔗8000吨的制糖产业园已经建成投产。公司计划总投资10亿美元，6年之内完成，带动18万公顷土地的开发，实现年产蔗糖108万吨，年产酒精5万吨，年发电5000万千瓦时，其电力可以满足整个糖业基地和柏威夏省会用电。同时，瑞峰（柬埔寨）糖业已经为柬埔寨创造7000个就业岗位，还将为柬埔寨创造更多的就业岗位，公司还拿出大量资金支持当地的教育、卫生和民生事业。

7.2.3　主要成效和经验

1. 建立现代化蔗糖产业园

柏威夏瑞峰糖业产业园是该集团在海外兴建的规模最大的制糖企业。2010年公司开始到柏威夏考察筹备，2013年开始兴建。产业园区土壤优良、地势平坦、阳光雨水等适宜甘蔗种植，配套有世界先进机器设备进行全程机械化作业和信息化管理，聘请世界著名甘蔗种植专家和国内农学博士等组成的甘蔗研发团队提供管理技术服务。良好的土地资源及自然条件，通过良种良法种植，试验甘蔗地已实现甘蔗产量100吨/公顷、甘蔗糖分超15%的指标。

恒福糖业集团在柏威夏的瑞峰糖业基地拥有瑞峰、岚峰、恒悦、恒瑞、恒农5家农业种植公司，共经营特许地和购买农民土地5万公顷，每个公司设有7~10个连队（分公司），目前已建设连队34个，开发土地2.5万公顷，已种植甘蔗的连队有28个，甘蔗种植面积共1.1万公顷。项目区已开发道路630多千米，5家公司原料甘蔗运抵糖厂的平均里程约13千米。蔗区路途平坦，运距短，甘蔗原料运输成本低。

2. 大力扶持柬农致富

柏威夏瑞峰糖业基地周边群众人均土地拥有量排在柬埔寨全国第一，农业主要是水稻、木薯，每公顷年纯收益仅300~400美元，没有其他优势农作物，而种植甘蔗全年收益按80吨/公顷、收购价格38美元/吨计算，每公顷年纯收益可达1100多美元。可见，甘蔗种植效益远比其他传统作物高，易种易管，不愁销售，竞争优势明显。柏威夏丰富的土地资源和充足的劳工资源为甘蔗生产提供了广阔的发展空间。

目前，基地采用两种经营模式：一种是在特许地和从农民那里购得的土地上建立现代化大型甘蔗种植公司，各甘蔗种植公司独立经营，总公司给予扶持；另一种是采用类似中国国内“公司+农户”的办法，鼓励农民在自己的土地上种植甘蔗，总部根据各个农场的实际需要向每个农场提供200万美元左右无息或低息贷款，扶持农场购置农业机械、化肥，向员工发放薪水、开垦农田、建设场部等，各农场向恒福国际糖厂计价出售甘蔗偿还贷款，而农场经营收益全归农场所有，员工根据各自的贡献率取酬。在产业园的柬埔寨员工的工资远远高于当地民众的平均工资，因此各个农场管理者和员工的工作积极性都很高。

为了扶持当地农民种植甘蔗，公司多种方式并用：①组织安排对农民的地块进行集中开发备耕；②安排机械为农户提供种植甘蔗时的机械服务；③第一年种植时由公司赠送甘蔗种苗；④公司赊借资金给农户用于甘蔗种植、管护和购买肥料、农药；⑤根据农户管护甘蔗的长势和生活状况，预借给农户稻谷。公司力求最大限度地扶持和让利给甘蔗种植者，使其获取应得的利益。

3. 树立环保型、友好型、负责任的企业形象

甘蔗是最环保的友好型农作物之一。它在制糖过程中几乎可以不产生任何废弃物：压榨之后的甘蔗渣可以供糖厂作燃料，是一种可再生能源；另外一种副产品，甘蔗废糖蜜可以提供给农民作肥料；蔗汁经澄清后，由压滤机或真空吸滤机所排出的滤泥则可以用来生产酒精、肥料和饲料。制糖业可以变成一个碳循环产业，每年每公顷甘蔗可从大气中吸收约60吨二氧化碳。

按照传统的生产方式，制糖业是一个高耗能高污染行业。早在5年前，恒福糖业就结合制糖业和公司的特点与实际需要，制定了恒福集团5年（2011—2015年）碳·环境·能源管理和发展规划，并以此为蓝图，指导恒福糖业的绿色发展。公司以打造全新的制糖基地为契机，精心设计每一个生产环节，让整个生产过程形成一个完美的生态循环链，进而建成一个完整的生态产业链，不仅不增加二氧化碳等导致气候变暖

的温室气体排放，还要制氧固碳，为抑制全球气候变暖做出贡献。

恒福糖业一方面用发展现代制糖产业、让利于民的方式引领和带动当地经济发展，为数以万计的柬埔寨民众提供就业机会，另一方面大力支持当地的公益事业。近两年来，恒福糖业已为周边村庄打好生活水井17口，修建和修复道路6条达17千米，捐赠柏威夏省消防车2辆，资助修葺磅湛、蔡县寺庙2间，为当地红十字会捐助大米200多吨，捐款110万美元。

公司计划未来几年内把恒福糖业柏威夏基地打造成世界上规模数一数二、现代化程度最高、环境和气候友好型的国际糖城。在糖城里不仅有世界一流的制糖生产线，更重要的是还要有最舒适的员工及员工亲属们的生活设施，要有最好的幼儿园、最好的学校、最好的医院、最好的文化体育设施。无论中方还是柬方员工以及他们的亲属，都能在其中健康快乐地工作、学习和生活。

7.3　案例启示

7.3.1　构建国际化全产业链

通过上述两个东盟农业投资成功案例，我们可以看到，全产业链经营已成为中国农业升级模式中最有竞争力的模式之一。要想在短期内构造中国农业企业全球产业链，政府的顶层制度设计必不可少，办法主要有二：一是扶植大型跨国企业构造产业链，实现国际市场内部化；二是以政府间产业园兴建为引导，以重点项目实施为示范，将中小企业投资引入相关联的园区型产业链。通过构建政府间对话机制，提高对中国企业的利益保护层次与力度。

7.3.2　向产业链中端环节靠拢

中国企业境外农业投资多集中于产业链上游资源利用或下游贸易销

售环节，中间环节的仓储与物流是薄弱环节，而这也是发达国家跨国企业能够拥有农产品定价权的谈判条件。中国虽然是农产品生产、消费与贸易大国，但是生产加工环节面临土地、人工成本上涨，销售环节面临国内产品价格长期倒挂，扩大中间环节投资不仅有利于中国企业建立完整的跨国产业链，有效整合国内外资源，也能对产品进行时空优化，减少量大价跌或价高无货的局面，实现由单纯贸易模式向综合利用全球农业资源的转变。

7.3.3 营造良好的社会舆论环境

合理引导企业更好地履行社会责任并适时发布社会责任报告，尊重当地风俗习惯和宗教信仰，积极为当地居民提供新的就业岗位，保护投资国的生态环境，积极参与发展投资国的社会慈善事业。政府要积极支持行业协会、商会、NGO 等民间组织帮助企业开展各类公益项目，协助解决投资国部分人群的贫困、教育、医疗等民生问题，用事实和行动引导舆论，提升中国企业的良好国际形象。

7.3.4 制定国际化发展战略，减少投资的盲目性和随意性

企业应加强投资活动的前期论证和实地考察等准备工作，制定长远的农产品国际市场开拓目标和战略规划，有计划地开拓国际市场。中国企业在对东盟进行农业投资之前要进行认真的投资可行性分析，既要调查东盟各国的市场需求状况、生产能力、基础设施、农业资源特性等情况，也要了解东盟各国有关农业投资环境、法律法规、文化背景、风俗习惯等多方面的资料。针对不同目标市场，根据企业拥有的优势，以市场需求为主导，充分利用和发挥好东盟与中国两个市场、两种资源的合作优势，避免盲目投资。

第8章

其他国家对东盟农业投资的经验借鉴

从目前的投资情况来看，东盟农业的外国投资者大多数来自东南亚和东亚邻邦，北美和欧洲的投资者在东盟还未有强有力的表现。投资东盟农业的亚洲国家主要有中国、日本、韩国、泰国、越南、马来西亚等，其中日本、韩国和泰国不仅起步早，而且积累了丰富的运作经验。因此，本研究重点分析日本、韩国和泰国对东盟农业投资的情况，以期为中国企业投资东盟农业提供经验借鉴。

8.1 日本对东盟的农业投资

8.1.1 投资动因

日本是典型的人多地少的国家，人均农业资源匮乏，需要大量进口农产品。2010 年日本农产品净进口 672.8 亿美元，排世界第一位。这使得境外农业资源的利用对保障日本国内农业资源及其农产品的有效供给非常重要。日本在农产品进口量快速增加的同时，积极鼓励农业对外投资（FDI）。日本政府通过与粮食出口国建立良好的合作关系，鼓励企业进行海外投资，渗入主要产粮国和全球主要粮食贸易网络，保证其粮食的稳定供给。

作为资源匮乏的岛国，日本始终将东南亚海上航线看作海外资源的生命线，同时也是其石油、农产品等物资的运输线，从这个意义上讲，日本格外重视对东盟的投资和贸易。20 世纪 80 年代以来，日本在东盟地区进行成规模的直接投资已经持续了 30 余年，无论是投资流量还是投资存量，所占比重都大幅度领先于其他国家。近几年，日本更是再次推动了对东盟投资的高潮。有关资料显示，2012 年日本在东盟的投资总额为 64 亿美元，比 2005 年高出近 50%。过去 10 年间，日本与东盟的年均贸易额超过 2000 亿美元，同期日本在东盟地区的直接投资也超过 600 亿美元，是东盟最大的投资国之一。日本重新扩大对东南亚的投资规模主要是基于两方面考虑：一是在国内市场低迷情况下刺激经济复苏，即撬动和利用东南亚 6 亿人口的市场潜力和消费能力，改变国内生产能力与消费能力不对称的情况。二是出于地缘政治的考虑，即拉拢某些东南亚国家，企图遏制中国的崛起和发展，并确保日本战略物资的长期供给和运输安全。

8.1.2 促进农业对外投资的策略

20 世纪 70 年代，日本开始启动“走出去”战略，其海外投资和贸易均有快速增长。东盟是日本进口重要原料的主要产地，也是日本商品出口的重要销售市场，更是日本苦心经营多年、颇具影响力的主要投资目的地。日本对东盟国家的投资充分体现了其海外投资的方针和策略。

1. “官民一体”的海外投资模式

日本政府通过政策制定、协议签订、信息收集、金融服务和鼓励措施为企业在海外投资创造良好的环境。企业作为独立的法人，负责投资项目的具体运作。以海外农业投资为例，日本政府、国际协力机构等与东道国政府签订经贸合作协定，并负责协调由于法律和政策不同而产生的分歧，解决企业投资过程中的有关问题。农林水产省下设海外农业开发协会，为投资海外农业项目提供一定的经费支持。日本国际协力银行为企业海外投资提供长期的低息贷款，日本贸易保险提供有关保险业务，降低企业海外投资和贸易可能发生的风险。日本政府、国际协力机构、国际贸易振兴机构等提供各种情报信息，帮助企业深入了解当地情况，以避免日本企业在海外投资中出现失误。

2. 注重长期的战略性投资

在对东盟农业投资中，日本不仅关注中短期投资效益，而且注重长期性、战略性投资，这种投资包括外交活动、经济援助、文化交流等多方面。日本政府通过外交活动和经济援助等方式，发展与东盟国家、当地农民组织的合作关系，为日本农业海外投资建立良好基础。在东盟国家，日本大学、学术机构设立了多所日本文化交流中心和非营利性的非政府组织，从而促进了日本文化与当地文化的交流融合。日本大学每年提供一些奖学金和资助经费，招收东盟国家青年人接受高等教育，包括日本政府对外国公务员的培训。从某种意义上讲，日本通过文化传播方式培养了相当数量的东盟国家亲日力量，一旦这些留学生回国并进入政府部门，将有助于日本在当地开展投资和贸易活动。

3. 精心挑选和组织海外投资项目

日本企业管理非常严谨规范，不仅有完善的管理制度和流程体系，而且强调为了同一目标的全面质量管理。在为海外投资选择项目时，日本企业同样发挥出精益求精的工作特点，加上政府和相关机构的大力支持，从而提高了海外投资项目的成功率。

日本不仅注意当地的环境保护、社会效益等，而且注重对产业链环节的投资建设。例如，丰田汽车公司在泰国投资取得很大的成功，不仅建立汽车生产厂、销售网络和维修网络，而且延伸到农业领域的橡胶种植和化工领域的轮胎生产，同时也解决了许多泰国人的就业问题，取得了很好的经济效益和社会效益。

8.1.3　启示

尽管中日是东盟农业投资市场的竞争对手，但是近现代日本海外投资时间远长于中国，从综合性、协调性和精细化方面来看，无论是“官民一体”的海外投资模式，还是企业的投资可行性分析与组织实施，日本都是值得学习的竞争对手，尤其是如何加强海外投资的科学化，按照国际通行规则和投资地实际情况，对投资项目的科学决策而非主观臆断，以及应对投资风险的能力。日本对东盟农业的投资是成功的，经过了数年的准备大举进入东盟，可以预见，未来也丝毫不会放慢脚步。对中国的启示是，东盟农业投资不仅是企业“走出去”，更重要的是加强政府与企业之间的配合，全面配套的措施要“走出去”，包括对话、机制、建设、贷款、交流、教育和培训、生活和服务等。

8.2 韩国对东盟的农业投资

8.2.1 投资动因

韩国国土面积 9.8992 万平方千米，总人口 4978 万，是现代化程度较高的新兴工业化国家，属于 G20 的重要成员国，农村人口、农业总产值分别大约仅占全国人口和国民生产总值的 5%和 7%。同时，韩国是一个农用种植土地奇缺的国家，城市化使得韩国粮食自给率急剧下降，目前在 35 个经合组织（OECD）国家中排名最后。

直接进行海外农业投资和发展农业种植，是韩国有效减缓国内农业耕地供给压力、合理利用世界农业生产资源的国际经济合作模式。20 世纪 70 年代到 2012 年，韩国已累计开发了 100 多个海外农业项目，截至 2011 年底，在国外耕种农地有效租赁总面积达 4.23 万公顷，主要种植大米、大豆、玉米、荞麦、燕麦等农作物及其产品加工和出口，累计已生产 17.1 万吨大米、大豆及玉米。

韩国海外农业开发区域广，涉及亚洲、欧洲、非洲、南美洲、大洋洲等五大洲。但受母国区位条件影响，投资亚洲的企业最多，尤其是东盟地区，占比41.51%（见表8-1）。

表8-1　韩国农业对外投资分布现状

洲别	东道国	数量（个）	占比（%）
亚洲	东亚：中国（15），蒙古国（11）	26	24.53
	东南亚：越南（6），菲律宾（9），印度尼西亚（11），柬埔寨（13），老挝（4），缅甸（1）	44	41.51
	南亚：印度（1），斯里兰卡（1）	2	1.89
	中亚：塔吉克斯坦（1），乌兹别克斯坦（1），吉尔吉斯斯坦（3）	5	4.71
欧洲	俄罗斯远东（11），乌克兰（2）	13	12.26
南美洲	智利（2），巴西（3），乌拉圭（1）	6	5.66
北美洲	美国（4）	4	3.77
大洋洲	新西兰（1），澳大利亚（2）	3	2.83
非洲	马达加斯加（1），乌干达（1），刚果民主共和国（1）	3	2.83
合计		106	100

资料来源：大韩民国海外农业开发服务中心（OADS）数据库（2012年）。

韩国农业对外投资有国际粮食供求、粮价波动、生物质能源发展等外部因素，也有其深刻的内部动因。

1. 韩国可耕地面积逐年减少，本国土地禀赋劣势突出

韩国多山，耕地面积较少，占国土面积的16.51%，韩国人均耕地面积不足0.04公顷。小型的家庭农场是韩国农业的主要组成部分，农场的平均面积不到2公顷。韩国国家统计局数据显示，韩国可耕地面积随着城市化和工业化建设用地的逐年增多而减少，1961—2009年韩国农业本土种植面积由211.3万公顷持续减少到185.8万公顷。

2. 农业产值占整个国家GDP的比重呈下降态势

“二战”后初期韩国农业GDP占整个国家GDP的比重大约为50%，随着工业“赶超战略”计划的快速推进，农业对该国经济的重要性大为下降，从农业在GDP中的比重来看，农业产值占国内生产总值比率由20世纪60年代初的40%下降到2000年的4.6%，2010年则进一步降

到3%，低于东亚与太平洋各国（地区）的平均水平。

3. 农业种植面积结构不均衡，主要农作物产量稳中有降

韩国农业种植面积结构不均衡，稻谷种植面积占72%以上，而其他经济农作物种植面积占比则偏弱。稻谷作为韩国的主要农业作物，1961—2011年韩国大米产量经历了“凸型”变化，1987—1988年达到产量高峰，超过了600万吨，此后，由于大米生产的比较效益下降以及高产品种被放弃，大米产量有所下降，2011年仅为422.4万吨。同时，韩国大米的种植面积一直在缩小，1961—2011年由1128千亩降到854千亩。

其他谷物类作物产量大多下降明显，1961—2011年韩国大麦的产量由166.2万吨下降到8.1216万吨，荞麦的产量由6124吨下降到1954吨，小米、高粱、小麦分别由68780吨、5302吨、172000吨下降到1100吨、2100吨、39116吨。

4. 主要农产品贸易逆差持续加剧是韩国农业资本国际输出的直接诱因

韩国的粮食自给率一直在低位徘徊，谷物自给率为25.3%，除大米以外消费量最大的小麦、玉米、大豆的自给率目前仅为0.8%、0.8%和8.7%，75%的粮食供应缺口只能依赖进口。

主要农产品贸易逆差突出是韩国农业资本国际输出的直接刺激因素。1990—2010年韩国谷物年均进口额为21.78亿美元，出口额为1.51亿美元，年均贸易逆差额为20.27亿美元。

1990—2010年，蔬菜与水果年均进口额为9.0054亿美元，出口额为3.1269亿美元，年均贸易逆差为5.8785亿美元；糖类及蜂蜜年均进口额为5.5114亿美元，出口额为2.0444亿美元，年均贸易逆差为3.467亿美元；咖啡、茶、可可香料年均进口额为3.3785亿美元，出口额为0.8240亿美元，年均贸易逆差为2.5545亿美元。

5. 农业人口绝对量与比重结构在不断下降

从农业在全部产业中的就业比重来看，“二战”后韩国农业中的就

业人数（包括农林渔）在三次产业中比重最高，1970 年农业占整个就业人数 50%以上，其后下降的速度较快，到 1995 年已减少到 11%，2010 年只有总人口的 6. 4%。同期农业就业人数的绝对量从 1970 年的 1440 万人减少到 1995 年的 485. 1 万人，2010 年农业人口则减少到 306. 3 万人。

8. 2. 2　促进农业对外投资的策略

1. 坚定海外屯田的产业规制战略

“二战”后韩国政府对本国粮食安全形势长期具有危机战略。1970 年初，总统朴正熙为解决国内粮食生产问题，发起了“新社会运动”，但随着韩国城市化不断推进，国内粮食供需缺口矛盾突出。从总统全斗焕到卢武铉执政期间，韩国政府始终坚持将开发海外粮食生产资源作为战略性全局问题，试图通过全球农业投资，保障粮食生产的地理安全布局。2008 年初，韩国总统李明博发出“建立海外粮食基地”的号召，力争把韩国粮食生产（包括国内生产与海外屯田）自给率提高到 50%。同年 6 月，韩国政府提出“10 年海外农业开发战略计划”，2011 年又对该战略做了适当的完善调整。2012 年 1 月，韩国《海外农业开发合作法》正式生效，为开发外国农业项目提供了法律保障。2013 年韩国新任总统朴槿惠对海外屯田寄予了更大的期望。

2. 设立农业海外财政开发基金，鼓励海外农业开发融资

在财政与金融方面，近年来韩国政府出台相关政策支持海外谷物生产。海外农业开发贷款基金主要支援韩国企业的海外农业项目开发，政府最高给予这些企业所需经费 70%的融资额度，融资金额将按 2%～3%的低年息计算，可拖欠 5 年，按 10 年期限进行偿还。韩国政府对那些希望在对小麦、豆类、玉米以及流通性农作物的投资及出口没有制约的国家进行投资的企业给予优先支援，受资助的企业应按照融资协议在韩国国内粮食危机时将生产的主要农产品运往韩国国内。据统计，2007—

2011年韩国政府已对海外重点农业企业给予1.97亿美元的政府财政开发融资，以确保到2018年海外耕地达到38.5万公顷，生产包括小麦、大豆、玉米等品种，总产出规模预计180万吨，这将占韩国谷物当年进口的10%。

3. 设立农业海外开发专门机构，颁布海外农业开发指南

海外农业开发服务中心（OADS）是韩国政府支持海外屯田战略的主要机构，属于韩国农林水产部的专属部门，海外农业开发服务中心具备完整的海外投资服务体系，包括企业融资服务、投资目标国环境调查、农业及农村基础设施情况调查、企业技术支持、员工培训等。同时，韩国国际合作局（KOICA）、韩国进出口银行（EXIM）以及韩国农村发展局（RDA）也是支持韩国海外屯田的重要部门。

2012年2月，韩国海外农业开发协会成立，设立协会的目的是保护韩国在国外农业开发商的合法权益，负责收集和分析信息、调查研究、培养人才等业务。协会还通过举行投资说明会等方式支援韩国在外国的农业开发商。此外，韩国政府积极制定《海外农业投资指南》，以推动韩国企业对海外农业的投资，《海外农业投资指南》包括增加投资对象国农业生产力方案、主要投资对象国有关法规、制度介绍等。

4. 借助对外农业援助拓宽海外垦田渠道

2009年，韩国成立了有12个成员国的“亚洲农产品技术合作体”（AFACI），包括韩国、菲律宾、越南、印度尼西亚、柬埔寨、老挝、泰国、孟加拉国、蒙古国、尼泊尔、斯尼兰卡、乌兹别克斯坦。2011年在亚洲及非洲的10个国家设立海外农业技术开发中心（KOPIA）。2013年，韩国将设立在10个国家的KOPIA中心数量扩大到30个以上。这些都为其实现海外垦田的有效储备。

8.2.3 启示

韩国对东盟农业投资已有30多年，在东盟农业投资东道国的选择

上与中国相似，总结其投资实践对于中国企业具有重要的学习和借鉴意义，特别是有些教训应引起中国赴东盟农业投资企业的高度重视。

1. 缺乏对农业投资项目投入产出效果的预测评估

韩国企业海外垦荒的主要教训在于事先未对欲购置土地的状况和利用需求进行系统调查，使得购置土地荒废。中国企业应吸取韩国投资教训，对预开发的农业项目需做土地价值的评估与投入产出效果预测。

2. 农业投资项目面临东道国特殊农业租金政策与跨国贸易壁垒约束

一方面，企业在东盟从事农业生产，与在本国种植相比会增加额外农业租金。由于处在东道国政府的管辖之下，农业 FDI 准入规制政策和租金标准由东道国掌握，2009 年韩国在老挝获得的膏桐种植项目每公顷土地年租金为 10 美元。另一方面，东道国一般是一些不太发达的国家，往往制定有粮食贸易出口关税。出于国家间农业贸易壁垒的原因，韩国企业在东道国生产的粮食一般都出售给当地或第三国。此外，农业生产资料进入东道国也会面临产业贸易保护措施。

3. 资源型指向跨国投资易受“国际新殖民征地”舆论质疑

韩国海外“屯田”的投资者，缺乏为当地解决粮食供应、就业和带动经济发展等社会问题的发展预案，海外农业资源合作“共赢”矛盾突出。对跨国农业资本大量租用土地的现象，联合国粮农组织总干事迪乌夫形容为“新殖民主义”。中国作为发展中大国，在对东盟农业投资时可发挥自己的资金、人才、技术等优势，但应以“共赢”为投资目标，实现海外农业资源“南南合作”的国际开发典范。

4. 着力培育农业跨国企业集群，并使之成为农业“走出去”的主力军

韩国实施农业“走出去”战略，不仅中小型民营企业是农业对外投资的主要力量，而且鼓励大型跨国企业如现代、大宇等进行海外农业投资。而中国农业对外投资企业与韩国相比，不但规模偏小，而且从事农业资源开发的经验不足。因此，中国应进一步鼓励和发展壮大民营企

业，支持有条件、有能力的民营企业投资东盟农业。

8.3　泰国对东盟的农业投资

8.3.1　投资动因

1. 市场需求

泰国的市场需求一直是泰国农业对外投资增长的主要驱动因素。如泰国日益发展的畜牧业对饲料的需求是玉米订单农业发展的推动因素。Charoen Pokphand（CP）公司是泰国著名的集约型畜禽养殖企业，公司在2002年就已经开始从事订单农业种植、动物饲料加工和畜禽养殖。通过2006年在湄公河流域成立的子公司——CP Laos Co. Ltd.，CP公司——从老挝获得玉米产品。泰国蔗糖业和乙醇工业的剩余加工能力也刺激了泰国在老挝投资甘蔗种植，以保证甘蔗原料的需求。此外，由于在遵守*Everything But Arms*（*EBA*）协议的前提下，泰国可以充分利用免关税和配额的优惠条件将在老挝生产的甘蔗种植和加工产品出口到欧盟市场，因此泰国在老挝设立了精糖加工生产线，并将产品出口至欧洲。

2. 政策驱动

泰国政府的开放政策对鼓励泰国农业企业进行海外投资和刺激泰国市场需求起着重要作用。2003年，泰国与老挝、柬埔寨、缅甸签署了《伊洛瓦底江—昭披耶河—湄公河经济合作战略（ACMECS）》。该战略为泰国投资者和其他三个国家之间的订单农业合作提供了政策框架，并成为泰国农业企业从选定的边境地区取得农业原材料的主要机制。

3. 规模经济

大型农业企业可以通过将生产转移到邻国，以更低的成本生产，并重新进口更便宜的产品，从而使国内的小规模竞争者不得不接受较低的价格，或者退出市场。而小规模生产者除了缺乏大幅改变生产方式所需的资金，还缺乏详细的市场预测，因此它们不可能以同样的方式把握生产机会。

4. 规避监管

泰国政府对农业企业的管理一般是很宽松的，唯一例外的是制糖工业。政府制定了糖业管理政策，通过产品和价格的控制来保护国内小种植户的利益。这些政策导致的最终结果是鼓励监管“竞次”，即促使农业企业到邻国投资，经营种植园和糖厂，以便扩大经营和更好地利用过剩的生产能力。

8.3.2　农业对外投资实践

目前，泰国农业企业对东盟国家的投资主要集中在甘蔗种植和制糖、橡胶种植、饲料玉米种植和加工、造纸人工林种植和咖啡种植等领域。其中，以订单农业为合作方式，以泰国为出口市场的泰国农业企业在老挝的农作物投资取得了巨大的成功；而在柬埔寨和缅甸，由于两国中央政府的严格控制，限制了泰国农业企业的投资行为。

1. 对老挝的农业投资

泰国 KSL 公司在 2007 年取得沙湾拿吉省 1 万公顷土地的 30 年特许经营权，投资 7 亿泰铢建立了沙湾拿吉糖业有限公司（SSC），种植甘蔗和建立产能为 3000 吨的糖厂，该糖厂于 2010 年建成投产。KSL 在老挝投资的收益，除了来自市场拓展，还有就是它是“第一家加工自己种植的甘蔗的糖业公司”，并且“通过控制收割周期实现甘蔗的产量最大化和质量最优化”。

泰国 Mitr Phol 公司成立了 Mitr 老挝有限公司，并于 2006 年与老挝政府签订了合作谅解备忘录，该公司取得沙湾拿吉省 1 万公顷土地 40 年特殊经营权和续期 20 年，用于甘蔗种植。2009 年以来，该公司已经向邻近的泰国东北部的 2 个乙醇加工厂（共有 4 个乙醇加工厂）输送数卡车的免税蔗糖加工的副产品——蜜糖，同时其95%的蔗糖被打上 Tate & Lyle 的牌子，通过泰国的林查班港出口到欧盟。2010 年，该公司进入第二个开发阶段，希望取得另外 15000 公顷土地和相应地增加糖厂产能。

2006 年，泰华橡胶公司在老挝与另外两个外国投资者合作成立了一家合资公司，在老挝几个省种植约 20 万莱（3 万公顷）橡胶树。合资企业在老挝中部和南部开发了 32 个小型和中等规模的橡胶种植园，如在沙湾拿吉省的 700 公顷橡胶园，该园于 2013 年开割。

此外，泰国前进农业公司（Advance Agro，以下简称“AA 公司”）通过其子公司 Shaiyo-AA 向老挝政府申请了 20 万公顷土地用于桉树种植。TCC 集团新成立的 Plantheon 公司在占巴塞省设立了 Paksong 高原有限公司，并于 2007 年取得了 2400 公顷土地特许经营权用于种植阿拉比卡咖啡。

2. 对柬埔寨的农业投资

2006 年，KSL 在柬埔寨成立了第一家合作公司——戈公种植有限公司（Koh Kong Plantatin Co. Ltd.），在柬埔寨种植了 2 万公顷的甘蔗。柬埔寨最大的商人之一 Ly Yong Phat 参议员拥有 KSL 合作公司 20%的股份，中国台湾的 Ve Wong 公司持有另外 30%的股份。2008 年，成立戈公糖业有限公司，其在柬埔寨的第一家糖厂于 2010 年 1 月正式投产，日产能达 6000 吨蔗糖。KSL 公司致泰国证券交易所的信件明确指出，戈公公司的利润主要来自其对欧盟的蔗糖出口业务享有欧盟给予柬埔寨除武器外的一切（EBA）特权。

Mitr Phol 于 2008 年在柬埔寨同时成立了 3 家公司：甘蔗和糖山谷有限公司、吴哥糖业有限公司和洞里萨湖甘蔗公司，这 3 家公司在奥多棉吉省分别拥有 1 万公顷土地的 70 年特许经营权。

2007 年，Plantheon 公司与 Mong Reththy 公司合作投资柬埔寨油棕有限公司（MRICOP），在戈公省种植 1 万公顷的油棕。同时，

Plantheon 公司还与 MRT-TCC 糖业投资公司合作投资了 8400 公顷的甘蔗种植。

3. 正大集团的对外发展

正大集团是泰国最早进行境外市场开拓的农业企业。印度尼西亚是正大集团核心业务扩张的第一个东南亚国家，其次是马来西亚和菲律宾。这些国家的气候与泰国类似，所以正大集团将其在泰国研发的技术运用到这些国家时都不需要作太大的调整。同时，这些国家的农业较为落后，私营企业较弱，因此给正大集团留下了巨大的空间来达到其开拓市场和控制市场的目标。正大集团的综合农业与牲畜养殖模式，家禽的饲料生产和水产养殖在这些地区都得以成功复制。东道国大量“闲置”的土地被用来生产原料，然后返销泰国或者出口到其他亚洲国家。

当越南开始通过经济开放来吸引外资时，正大集团总裁访问了越南并向越南赠送了 10 吨正大集团新近研发的 888 杂交玉米种子，还邀请越南政府领导参观正大集团在泰国的生产基地。在缅甸和柬埔寨，正大集团也采用了相同的促进投资的方法。正大集团的投资取得了预期的成果：1994 年在越南开设了第一家饲料厂和孵化场（正大集团越南畜牧公司），1997 年在缅甸建立公司（即正大集团缅甸畜牧有限公司），2000 年在柬埔寨也建立了类似的公司（正大集团柬埔寨有限公司）。

正大集团在这些国家都采取了相同的生产经营模式，即最初是向农民推广种植其杂交饲料玉米，为其饲料厂提供原料；此后便通过订单农业和独立的农户发展面向国内市场的猪、鸡和鱼养殖产业。

8.3.3　启示

泰国在东盟具有丰富的农业投资经验，其巨大的农业投资规模直接依赖于政府的政策和法规，完善的法律保障体系和开发的政策，有力地促进了企业的海外农业投资活动。同时，泰国企业具有品牌优势，有较强的研发能力，并且资金实力强，容易在东盟寻找有效的市场空缺。

泰国农业投资对中国的启示：一方面，企业应关注中国与东盟国家政府有关投资领域的相关政策、经济产业发展规划和发展方向，以及中国—东盟自贸区、“一带一路”建设的相关政策与重大举措，并且将其与自己在东盟的农业投资业务相结合，提前进行跟踪、分析与判断，以及时抓住机遇；另一方面，企业要重视综合能力的提升和人才的培养，重视对东道国市场的调研评估，重视对东道国合作伙伴的选择，重视企业社会形象和品牌宣传，这些都是中国企业在东盟农业投资顺利开展的前提和关键。

第9章

推进东盟农业投资的对策与措施

9.1 政府层面的宏观政策措施

9.1.1 强化宏观指导与服务

中国对东盟农业投资的规模逐年增大，但投资中仍存在需要完善和优化的空间。中国政府应加强对国际形势和“走出去”出现的一些新情况、新问题的研判分析，准确把握国际合作的新动向、新变化、新趋势，努力寻求新的农业投资领域和项目，为“走出去”企业提供宏观指导。加快建立海外信息收集发布平台，借鉴发达国家建立专门农产品出口服务组织（如美国海外农业局、澳大利亚小麦委员会、加拿大小麦局）的经验，探索建立支持农业“走出去”的专门机构或组织，在重点国家增设农业参赞或农业外交官，搜集发布东道国的投资信息，为企业“走出去”提供决策参考。抓紧组建我国农业“走出去”行业协会，加强协会在行业自律、价格协调、应对纠纷、抵御海外风险等方面的作用。

9.1.2 积极化解地缘政治风险

中国应开展创造性的外交斡旋，积极协调各方矛盾，敦促和鼓励相关国家通过对话协商解决领土争端，避免将领土争端诉诸武力或以武力相威胁，降低地缘政治风险升级为局部冲突的可能性，为东盟国家的经济发展创造和平稳定的良好环境。同时，中国既要与东盟国家的执政党领导人交往，也要广泛接触在野的各派政治势力，宣传中国投资东盟农业的目的，争取这些国家各派政治势力的理解和支持，避免在相关国家的政权发生更迭时给农业投资带来风险。

9.1.3 完善农业对外投资的法律法规

“一带一路”倡议的实施，以及中国—东盟自贸区的全面建成，为扩大对东盟的投资、贸易、合作创造了有利条件，但是要想让自贸区发挥应有的投资和贸易效应，必须像加入世贸组织时一样，系统梳理相关的法律法规政策制度，将全国性的、地方性的、行业性的政策制度通盘考虑，注意各地和各行业的相互协调。修订完善对外投资的相关法规，包括农业对外投资的审批与监管、服务与促进等方面的法律法规，使投资行为有法可依、更加规范，并有效保护企业对外投资的安全。

9.1.4 强化政策性金融、财政支持和对外投资保险力度

在金融支持方面，由于农业开发项目具有投资期较长、投资前期市场开发成本高等特殊性，建议鼓励国家开发银行、中国农业发展银行、中国进出口银行等金融机构为对外投资企业提供信贷支持，创新担保形式，有区别地制定农企的融资政策，设计业务品种和模式。如采用进出口信贷、海外投资贷款、官方发展援助贷款、并购贷款、再融资和股权参与、担保等多种形式，加大对企业融资需求的供给，降低信贷门槛；帮助合格企业申请中国东盟投资资金和长期人民币借贷；在东盟农业投资领域放松外币管制，为企业提供更多的自由和便利。在财政支持方面，对投资企业实行所得税抵免减让、税收豁免、税收延付、税收损失结转等制度；对耕地投资项目所需的国内生产资料、设备及返销的战略性农产品等提供通关便利，减免进出口环节税费。另外，借鉴国际经

验，加快建立海外投资保险法律及制度的步伐。

9.1.5　有针对性地培育农业“走出去”企业

农业“走出去”投资大、风险多，需要专业技术和人才，而中国农业企业大都不具备这样全面的综合实力，即使是国内大型农业企业，在产业关联上也存在脱节。各级政府应挑选一批主要从事种植、农产品上下游生产经营以及农业投入品的优质上市公司，组成农业产业链，有针对性地培育和支持国内大型农业龙头企业集群，通过政策性贷款支持、贷款利率优惠、出口信贷支持、政策性投资保险、免缴利润并充实资本金等方式提高产业链条整体运行效率，引导其充分发挥在对东盟国家投资中的主导作用，发挥其在农业耕作技术、农业基础设施建设等方面的技术优势和经验。同时，引导民营企业和中小企业开展与东盟国家投资合作，发挥其经营灵活的优势。大力培养外围服务企业和专业人才，以投资顾问公司、律师事务所、会计公司、公关公司等形式，招揽、组织东盟国家当地人才、华人华侨以及有驻外经验的人员为中国境外投资企业服务。此外，还应该建立相应的制度或机制，有针对性地强化海外投资培训辅导。从长期来看，需要将国内外培训有机结合起来，着重提高企业应对和化解海外投资风险的实际操作能力。

9.1.6　注重产业投资的整体性和互补性

为解决农业投资分散性和规模小的问题，应该在充分调研和论证的基础上，形成既体现“一带一路”战略思想，又与《中国与东盟全面经济合作框架协议》有机衔接的农业投资实施计划，并结合中国农业发展的薄弱点，以国家项目作为该计划的核心，从而展示战略性、主导性和整体性，充分发挥政府引导农业企业开展海外投资的积极作用。同时，建议由国家主管部门牵头，出台政府引导和鼓励政策，吸引有实力的企业参与农业投资。农业投资要与其他基础设施相配套，特别是农业项目与道路设施的配套工程，注意产前、产中、产后之间链条连接，体现各类投资的关联性和协调性，力争实现项目整合的综合效果，并考虑农产品流通的便利性。

9.1.7 提高农产品出入境便利化程度

多部门配合，力争就主要农产品在与东盟各国签署投资协议的基础上，签署双边动植物检验检疫协定，提高农产品出入境效率。鼓励跨境集装箱运输，对集装箱运输进行运费补贴、减免通关费用，从而提高出入关效率。与GMS国家签署点对点直达运输协定，增加直达运输点的数量，便于农产品入境后直达运输。研究增加农产品返销配额，并调整配额下达计划与农产品返销时间，使之保持同步和合理增长。加强边境口岸通关基础设施建设，实行电子化、标准化通关流程和增加通关通道等便利化措施，提高通关服务能力。

9.2 企业层面的微观策略

9.2.1 加快企业自身能力建设

企业成功“走出去”归根结底还要靠自身。一是要加快建立现代企业制度。建立一套符合现代企业管理的规章制度，包括财务管理、人才培养、资本运作等，提升企业的软实力。二是要注重企业社会责任的履行。企业应严格遵守所在国的法律法规，尊重当地风俗习惯，积极参与公益事业，努力培育在当地人民心中良好的形象，减少当地人民对中资企业的排斥，同时打造与东道国政府和社会各界的友好合作关系。三是提升企业的抗风险能力。企业应该增强东盟农业投资的风险意识，充分了解东盟各国招商引资的优惠政策和办法，对投资政策和暗藏的政治风险做到心中有数，并与国内研究机构开展合作，争取有关智库的支持和服务。

9.2.2 因国制宜，慎选投资国家及投资领域

东盟各国经济实力差别很大，农业生产技术水平参差不齐，东盟各国对中国投资农业的态度也有较大区别。因此，中国企业要利用自身在资金、农业技术、生产管理、产品质量等方面的优势，因国制宜，慎选投资国家，制定多层次的对外投资策略，以适应东盟各国投资的需要。例如，可考虑利用中国农业及食品加工方面的技术及管理优势，对越南投资食品加工相关产业，包括高质量的大米种植与加工，玉米、木薯种植与加工等行业；对文莱可考虑农药、化肥行业的投资合作；对缅甸可考虑进行农业机械生产与技术的投资与合作等。

9.2.3 做好可行性研究，避免盲目投资

中国企业在对东盟进行农业投资之前要进行严格的投资可行性分析，充分了解当地的市场需求状况、生产能力、基础设施、农业资源特性等情况，以及东盟各国有关农业方面的投资环境、法律法规、文化背景、风俗习惯等多方面的情况。针对不同目标市场，根据企业拥有的优势，以市场需求为主导，充分利用和发挥好东盟与中国两个市场、两种资源的优势，避免盲目投资。

9.2.4 实行投资方式多元化战略

企业应根据投资战略目标，灵活采取不同投资方式或组合策略，以达到控制国际农产品进出口渠道和定价权的目的。这包括：（1）新建方式，即在东盟国家租地、买地、种地，建基地、搞实业，对农产品生产与加工进行直接控制；（2）资本运作，即通过开展参股、并购业务等，快速实现对某一农业领域的进入，对农产品生产与加工进行间接控制；（3）非股权经营方式，如订单农业，即投资企业为获得稳定的原

材料保障，以期货合同方式与东盟国家当地种植农户之间在播种前签订协议，规定农产品收购数量、质量和最低保护价及双方享有的权利、义务和约束力，不能单方面毁约。订单农业的一个重要好处在于能够减缓东道国民族主义对中国企业租赁、购买土地的敏感性，从而降低投资风险。

9.2.5 实行投资结构多元化战略

企业除了对东盟国家直接开展耕地投资、发展种植业生产，还应该向农资、储运、物流、加工、储藏、销售、服务环节延伸，投资种子、农药、化肥、农机，投资东盟国家农产品交易所、仓库、码头等物流基础设施，在亚太地区构建起完整的农业跨国产业链。这样不仅能够提高对外投资经营效益，促进持续发展，而且是以间接控制的方式影响种植和养殖环节，并形成综合风险抵御机制，从而也能够避免可能的政治、经济因素所带来的不利影响。

9.2.6 实行生产经营本地化战略

企业在农业投资中应充分调研东盟国家潜在投资地区的经济、社会与法律环境，在投资决策、雇用人员、产品开发、技术改进、营销、利润和企业文化等方面实行本地化策略。加强与东盟国家政府及社团、中介机构的沟通，并做好企业发展规划与耕地资源开发计划，避免对耕地资源的“掠夺式”开发，消除东道国居民的敌意，树立良好企业形象。

附录一

中国与东盟签署的主要协议

中国—东盟全面经济合作框架协议

2002 年 11 月 4 日

2002 年 11 月 4 日，朱镕基总理和东盟 10 国领导人共同签署了《中国—东盟全面经济合作框架协议》（简称《框架协议》），这标志着中国与东盟的经贸合作进入了一个新的历史阶段。《框架协议》是未来自贸区的法律基础，共有 16 个条款，总体确定了中国—东盟自贸区的基本架构。

一、中国—东盟自贸区包括的内容

根据《框架协议》，中国—东盟自贸区将包括货物贸易、服务贸易、投资和经济合作等内容。其中货物贸易是自贸区的核心内容，除涉及国家安全、人类健康、公共道德、文化艺术保护等 WTO 允许例外的产品以及少数敏感产品外，其它全部产品的关税和贸易限制措施都应逐步取消。

二、相关领域的谈判时间安排

关于货物贸易的谈判将从 2003 年初开始，2004 年 6 月 30 日前结束。关于服务贸易和投资的谈判将从 2003 年开始，并应尽快结束。在经济合作方面，双方商定将以农业、信息通讯技术、人力资源开发、投资促进和湄公河流域开发为重点，并逐步向其他领域拓展。

三、中国—东盟自贸区的时间框架

《框架协议》规定，中国和东盟双方从 2005 年起开始正常轨道产品的降税，2010 年中国与东盟老成员，即文莱、印度尼西亚、马来西亚、菲律宾、新加坡和泰国，将建成自贸区，2015 年和东盟新成员，即越南、老挝、柬埔寨和缅甸，将建成自贸区，届时，中国与东盟的绝大多数产品将实行零关税，取消非关税措施，双方的贸易将实现自由化。

四、"早期收获"方案的主要内容

为使中国和东盟双方尽快享受到自贸区的好处，双方制订了"早期收获"方案，决定从 2004 年 1 月 1 日起对 500 多种产品（主要是《税则》第一章至第八章的农产品）实行降税，到 2006 年这些产品的关税将降到 0。

五、关于给予东盟非 WTO 成员以多边最惠国待遇的承诺。

东盟中越南、老挝、柬埔寨尚未加入 WTO。为了帮助这些国家的发展，我国同意给予东盟非 WTO 成员以多边最惠国待遇，即将我国加入 WTO 时的承诺适用于这些国家。

六、有关贸易规则的制订

《框架协议》规定，中国与东盟将制订原产地规则，反倾销、反补贴、保障措施、争端解决机制等贸易规则，以保证未来中国—东盟自贸区的正常运转。

中国—东盟自由贸易区建成后，将形成一个拥有 17 亿消费者、近 2 万亿美元国内生产总值、1.2 万亿美元贸易总量的经济区。中国—东盟自由贸易区将是世界上人口最多的自由贸易区，也将是发展中国家组成的最大的自由贸易区。它将为中国和东盟带来互利双赢的局面，为亚洲和世界经济的稳定和发展做出积极的贡献。

中国—东盟全面经济合作框架协议货物贸易协议

2004年11月29日

第一条　目标

本协议的目标是：

1. 加强和增进各缔约方之间的经济、贸易和投资合作；

2. 促进货物和服务贸易，逐步实现货物和服务贸易自由化，并创造透明、自由和便利的投资机制；

3. 为各缔约方之间更紧密的经济合作开辟新领域，制定适当的措施；

4. 为东盟新成员国更有效地参与经济一体化提供便利，缩小各缔约方发展水平的差距。

第二条　全面经济合作措施各缔约方同意迅速地进行谈判，以在10年内建立中国—东盟自贸区，并通过下列措施加强和增进合作：

1. 在实质上所有货物贸易中逐步取消关税与非关税壁垒；

2. 逐步实现涵盖众多部门的服务贸易自由化；

3. 建立开放和竞争的投资机制，便利和促进中国—东盟自贸区内的投资；

4. 对东盟新成员国提供特殊和差别待遇及灵活性；

5. 在中国—东盟自贸区谈判中，给各缔约方提供灵活性，以解决它们各自在货物、服务和投资方面的敏感领域问题，此种灵活性应基于对等和互利的原则，经谈判和相互同意后提供；

6. 建立有效的贸易与投资便利化措施，包括但不限于简化海关程序和制定相互认证安排；

7. 在各缔约方相互同意的、对深化各缔约方贸易和投资联系有补充作用的领域扩大经济合作，编制行动计划和项目以实施在商定部门/领域的合作；

8. 建立适当的机制以有效地执行本协议。

第三条　货物贸易

1. 除本协议第六条所列的“早期收获”计划以外，为了加速货物贸易的扩展，各缔约方同意进行谈判，对各缔约方之间实质上所有货物贸易取消关税和其他限制性贸易法规［如必要，按照WTO关税与贸易总协定（以下简称为GATT）第24条（8）（b）允许的关税和限制性贸易法规除外］。

2. 就本条而言，应适用如下定义，除非文中另有解释：

（1）“东盟六国”指的是文莱、印度尼西亚、马来西亚、菲律宾、新加坡和泰国；

（2）“实施的最惠国关税税率”应包括配额内税率，并应：（a）对于2003年7月1日时为WTO成员的东盟成员国及中国，指其2003年7月1日各自的实施的最惠国关税税率；（b）对于2003年7月1日时非WTO成员的东盟成员国，指其2003年7月1日对中国的实施税率；（c）“非关税措施”应包括非关税壁垒。

3. 各缔约方的关税削减或取消计划应要求各缔约方逐步削减列入清单的产品关税并在适当时依照本条予以取消。

4. 依照本条纳入关税削减或取消计划的产品应包括所有未被本协议第六条所列的“早期收获”计划涵盖的产品，这些产品应分为如下两类：（a）正常类。一缔约方根据自身安排纳入正常类的产品应：（i）使其各自的实施的最惠国关税税率依照特定的减让表和税率（经各缔约方相互同意）逐步削减或取消，对于中国和东盟六国，实施期应从2005年1月1日到2010年。对于东盟新成员国，实施期应从2005年1月1日到2015年，并采用更高的起始税率和不同实施阶段。（ii）按照上文第4款（a）（i）已经削减但未取消的关税，应在经各缔约方相互同意的时间框架内逐步取消。（b）敏感类。一缔约方根据自身安排纳入敏感类的产品应：（i）使其各自的实施的最惠国关税税率依照相互同意的最终税率和最终时间削减；（ii）在适当时，使其各自的实施的最惠国关税税率在各缔约方相互同意的时间框架内逐步取消。

5. 敏感类产品的数量应在各缔约方相互同意的基础上设定一个上限。

6. 各缔约方依照本条及第六条所做的承诺应符合 WTO 对各缔约方之间实质上所有贸易取消关税的要求。

7. 各缔约方之间依照本条相互同意的特定的关税税率应仅列出各缔约方削减后适用关税税率的上限或在特定实施年份的削减幅度，不应阻止任一缔约方自愿加速进行关税削减或取消。

8. 各缔约方之间关于建立涵盖货物贸易的中国—东盟自贸区的谈判还应包括但不限于下列内容：（a）管理正常类和敏感类产品的关税削减或取消计划以及本条前述各款未涉及的任何其他有关问题的其他具体规则，包括管理对等承诺的各项原则；（b）原产地规则；（c）配额外税率的处理；（d）基于 GATT 第 28 条，对一缔约方在货物贸易协议中的承诺所做的修改；（e）对本条或第六条涵盖的任何产品采用的非关税措施，包括但不限于对任何产品的进口或者对任何产品的出口或出口销售采取的数量限制或禁止，缺乏科学依据的动植物卫生检疫措施以及技术性贸易壁垒；（f）基于 GATT 的保障措施，包括但不限于下列内容：透明度，涵盖范围，行动的客观标准——包括严重损害或严重损害威胁的概念，以及临时性；（g）基于 GATT 现行规则的关于补贴、反补贴措施及反倾销措施的各项规则；（h）基于 WTO 及世界知识产权组织（简称 WIPO）现行规则和其他相关规则，便利和促进对与贸易有关的知识产权进行有效和充分的保护。

第四条　服务贸易

为了加速服务贸易的发展，各缔约方同意进行谈判，逐步实现涵盖众多部门的服务贸易自由化。此种谈判应致力于：（a）在各缔约方之间的服务贸易领域，逐步取消彼此或各缔约方间存在的实质所有歧视，和/或禁止采取新的或增加歧视性措施，但 WTO《服务贸易总协定》（以下简称为 GATS）第五条第 1 款（b）所允许的措施除外；（b）在中国与东盟各成员国根据 GATS 所做承诺的基础上，继续扩展服务贸易自由化的深度与广度；（c）增进各缔约方在服务领域的合作以提高效率和竞争力，实现各缔约方各自服务供应商的服务供给与分配的多样化。

第五条　投资

为了促进投资并建立一个自由、便利、透明并具有竞争力的投资体制，各缔约方同意：（a）谈判以逐步实现投资机制的自由化；（b）加强投资领域的合作，便利投资并提高投资规章和法规的透明度；（c）提供投资保护。

第六条　早期收获

1. 为了加速实施本协议，各缔约方同意对下文第 3 款（a）所涵盖的产品实施“早期收获”计划（该计划为中国—东盟自贸区的组成部分），“早期收获”计划将按照本协议中规定的时间框架开始和结束。

2. 就本条而言，应适用如下定义，除非文中另有解释：（a）“东盟六国”指的是文莱、印度尼西亚、马来西亚、菲律宾、新加坡和泰国；（b）“实施的最惠国关税税率”应包括配额内税率，并应：（i）对于 2003 年 7 月 1 日时为 WTO 成员的东盟成员国及中国，指其 2003 年 7 月 1 日各自的实施的最惠国关税税率；（ii）对于 2003 年 7 月 1 日时非 WTO 成员的东盟成员国，指其 2003 年 7 月 1 日对中国的实施税率。

3. “早期收获”计划中适用的产品范围、关税削减和取消、实施的时间框架、原产地规则、贸易补偿及紧急措施等问题应遵循下列规定：

（a）产品范围

（i）下面各章中 HS8 或 9 位税号的所有产品都应包括在“早期收获”计划中，除非一缔约方在本协议附件 1 的例外清单中将其排除，此种情况下该缔约方的这些产品可以得到豁免：描述 01 活动物 02 肉及食用杂碎 03 鱼 04 乳品 05 其他动物产品 06 活树 07 食用蔬菜 08 食用水果及坚果。

（ii）已将某些产品纳入例外清单的任何一缔约方可以在任何时候修改例外清单，将例外清单的一项或多项产品纳入“早期收获”计划。

（iii）本协议附件 2 中所列的特定产品应涵盖在“早期收获”计划中，这些产品的关税减让应仅对附件 2 中列明的缔约方适用。这些缔约方必须就该部分产品相互提供关税减让。

（iv）对于附件 1 或附件 2 所列的未能完成适当的产品清单的缔约方，经相互同意可在不迟于 2003 年 3 月 1 日前完成。

（b）关税削减和取消

（i）“早期收获”计划中涵盖的所有产品都应按照规定划分为三类进行关税削减和取消，并按照本协议附件 3 中所列的时间框架执行。本款不应阻止任何缔约方自愿加速其关税削减或取消。

（ii）所有实施的最惠国关税税率为零的产品，应继续保持零税率。

（iii）实施税率降低到零的产品，税率应继续保持为零。

（iv）一缔约方应享受所有其他缔约方就上文第 3 款（a）（i）所列的某一产品所作的关税减让，只要该缔约方的同一产品保持在第 3 款（a）（i）所列的“早期收获”计划中。

（c）临时原产地规则

适用于“早期收获”计划所涵盖产品的临时原产地规则应在 2003 年 7 月以前谈判并完成制定。临时原产地规则应由各缔约方根据本协议第三条（8）（b）谈判制定并实施的原产地规则替换和取代。

（d）WTO 条款的适用

WTO 中有关承诺的修订、保障措施、紧急措施和其他贸易补偿措施——包括反倾销措施、补贴及反补贴措施等方面的条款，应临时性地适用于“早期收获”计划涵盖的产品。一旦各缔约方根据本协议第三条第8款谈判达成的相关规定得以执行，上述WTO的条款应被这些相关规定替换和取代。

4. 除了本条上面各款中规定的货物贸易方面的“早期收获”计划以外，各缔约方应在2003年初探讨在服务贸易方面推行早期收获计划的可行性。

5. 为了推动各缔约方之间的经济合作，本协议附件4中规定的各项活动应予执行或视情况要求加快实施。

第七条　其他经济合作领域

1. 各缔约方同意在下列五个优先领域加强合作：（a）农业；（b）信息及通讯技术；（c）人力资源开发；（d）投资；（e）湄公河盆地的开发。

2. 合作应扩展到其他领域，包括但不限于银行、金融、旅游、工业合作、交通、电信、知识产权、中小企业、环境、生物技术、渔业、林业及林业产品、矿业、能源及次区域开发等。

3. 加强合作的措施应包括但不应仅限于：（a）推动和便利货物贸易、服务贸易及投资，如（i）标准及一致化评定；（ii）技术性贸易壁垒和非关税措施；以及（iii）海关合作。（b）提高中小企业竞争力；（c）促进电子商务；（d）能力建设；（e）技术转让。

4. 各缔约方同意实施能力建设计划以及实行技术援助，特别是针对东盟新成员国，以调整它们的经济结构，扩大它们与中国的贸易与投资。

第八条　时间框架

1. 在货物贸易方面，关于本协议第三条中所列的关税削减或取消和其他问题的协议的谈判应于2003年初开始，2004年6月30日之前结束，以建立涵盖货物贸易的中国—东盟自贸区，对于文莱、中国、印度尼西亚、马来西亚、菲律宾、新加坡和泰国，建成自贸区的时间是2010年，东盟新成员国建成自贸区的时间是2015年。

2. 协议第三条所列的关于货物贸易原产地规则的谈判应不迟于2003年12月结束。

3. 服务贸易和投资方面，各项协议的谈判应于2003年开始，并应尽快结束，以依照相互同意的时间框架付诸实施，实施时需要：（a）考虑各缔约方的敏感领域；（b）为东盟新成员国提供特殊和差别待遇及灵活性。

4. 对于本协议第二部分中所列的经济合作的其他领域，各缔约方应继续巩固实施本协议第七条中所列的现有的或经同意的各项计划，制定新的经济合作计划，并在经济合作的各个领域达成协议。各缔约方应迅速采取行动，以便以所有相关缔约方都能接受的方式和速度尽早实施。这些协议应包含实施其中各项承诺的时间框架。

第九条　最惠国待遇

中国自本协议签字之日起应给予所有非WTO成员的东盟成员国符合WTO规则和规定的最惠国待遇。

第十条　一般例外

在遵守关于此类措施的实施不在情形相同的各缔约方彼此或各缔约方之间构成任意或不合理歧视的手段或构成对中国—东盟自贸区内贸易的变相限制的要求前提下，本协定的任何规定不得阻止任何缔约方采取或实施保护其国家安全、保护具有艺术、历史或考古价值的文物所采取的措施，或保护公共道德所必需的措施，或保护人类、动物或植物的生命和健康所必需的措施。

第十一条　争端解决机制

1. 各缔约方应在本协议生效1年内，为实施本协议建立适当的正式的争端解决程序与机制。

2. 在上文第1款所称的争端解决程序与机制建立前，任何关于本协议的解释、实施和适用的争端，应通过磋商和/或仲裁以友好的方式加以解决。

第十二条　谈判的机构安排

1. 已建立的中国—东盟贸易谈判委员会（以下简称“中国—东盟TNC”）应继续负责执行本协议中所列的谈判计划。

2. 各缔约方在必要时可以建立其他机构来协调和实施依照本协议开展的任何经济合作活动。

3. 中国—东盟 TNC 和上述所有机构应通过中国对外贸易经济合作部（以下简称“中国外经贸部”）与东盟经济高官会（简称 SEOM），定期向中国外经贸部部长和东盟经济部长会议（简称 AEM）汇报其谈判进度及成果。

4. 无论中国—东盟 TNC 于何时何地进行谈判，东盟秘书处和外经贸部应联合给以必要的行政支持。

第十三条　杂项条款

1. 本协议应包含所附附件及其内容，以及将来所有依照本协议通过的法律文件。

2. 除非本协议另有规定，本协议或依照本协议采取的任何行动不得影响或废止一缔约方依照其现为缔约方的协议所享受的权利和承担的义务。

3. 各缔约方应当努力避免增加影响实施本协议的约束或限制。

第十四条　修正

本协议的条款可经各缔约方以书面形式相互同意达成的修正案加以修订。

第十五条　交存方

对于东盟成员国，本协议应交存于东盟秘书长，东盟秘书长应及时向每一个东盟成员国提供一份经核证的副本。

第十六条　生效

1. 本协议于 2003 年 7 月 1 日生效。

2. 各缔约方应于 2003 年 7 月 1 日前完成使本协议生效的国内程序。

3. 如一缔约方未能在2003年7月1日之前完成使本协议生效的国内程序，该缔约方依照本协议的权利与义务应自其完成此类国内程序之日开始。

4. 一缔约方一俟完成使本协议生效的国内程序，即应以书面形式通报所有其他缔约方。

鉴此，我们签署《中华人民共和国与东南亚国家联盟全面经济合作框架协议》。

中国—东盟战略伙伴关系2030年愿景

2018年11月14日，中国和东盟在新加坡通过《中国—东盟战略伙伴关系2030年愿景》，全文如下：

我们，中华人民共和国和东盟成员国国家元首/政府首脑于2018年11月14日齐聚新加坡，出席第21次中国—东盟领导人会议暨中国—东盟建立面向和平与繁荣的战略伙伴关系15周年纪念峰会；

忆及我们2003年10月8日在印尼发表的《中国和东盟国家领导人关于面向和平与繁荣的战略伙伴关系的联合宣言》和2013年10月9日在文莱发表的《第16次中国—东盟领导人会议暨纪念中国—东盟战略伙伴关系10周年联合声明》，致力于促进中国—东盟的睦邻友好和互利合作；

认识到中国与东盟建立战略伙伴关系15年来为地区和平、稳定与繁荣作出了巨大贡献，进一步拓展了中国—东盟合作，强化了中国—东盟关系，使之成为最具实质性、最具活力和互利共赢的关系之一；

认识到东盟成立50年来不断发展，并在2015年建成东盟共同体，中国改革开放40年取得伟大成就，中国—东盟关系已迈入新时代；

忆及2017年11月13日在菲律宾马尼拉举行的第20次中国—东盟领导人会议同意发表《中国—东盟战略伙伴关系2030年愿景》，以规划双方关系未来方向，为建设开放包容、持久和平、普遍安全、共同繁荣和可持续发展的世界作出贡献；

进一步重申依据国际法相互尊重彼此独立、主权和领土完整，及不干涉他国内政原则。东盟国家重申坚持一个中国政策；

认识到当前地区和平稳定来之不易，增进中国和东盟间互信和信心、提升合作水平非常重要；

兹同意以下内容：

中国—东盟总体关系

一、全面有效执行《落实中国—东盟面向和平与繁荣的战略伙伴关系联合宣言行动计划（2016—2020）》及其后续文件等举措，开展更紧密的合作，打造更高水平的中国—东盟战略伙伴关系，实现双方互利共赢的美好未来。东盟赞赏中国致力于促进更紧密的中国—东盟合作，包括构建中国—东盟命运共同体的愿景；

二、进一步深化战略关系，提升互信和信心，依据国际法和平解决分歧，不诉诸武力或以武力相威胁，保持友好对话协商，加强高层交往，促进地区和平、安全与稳定；

三、加强能力建设，调动各方资源，开展支持东盟一体化和共同体建设的互利合作，提升中国—东盟战略伙伴关系，对接《东盟互联互通总体规划2025》与中方“一带一路”倡议共同的重点领域，努力以互利共赢方式促进区域各互联互通战略的对接。东盟赞赏中方提出“3+X合作框架”，即以政治安全合作、经济合作、人文交流为三大支柱，以双方同意的合作领域为支撑；

四、进一步提升战略伙伴关系，继续坚持自1991年中国与东盟建立对话关系以来指导双方关系、在《联合国宪章》《东盟宪章》《东南亚友好合作条约》、和平共处五项原则、《东亚峰会互利关系原则宣言（巴厘原则）》以及公认的国际法原则中体现的基本原则、共同价值观和规范；

五、坚定反对日益上升的保护主义和逆全球化思潮，重申国际贸易与投资是实现经济可持续增长、减少社会不平等、保障各国人民享有更美好生活的重要引擎；

六、通过促进南南合作等方式，加强《东盟愿景 2025》同联合国 2030 年可持续发展议程的对接；

七、重申我们致力于支持和帮助东盟缩小成员国间发展差距，包括落实《东盟一体化倡议第三份工作计划》，以及加强中国和东盟国家在双边、次区域和区域层面的合作。依据《东盟愿景 2025》促进东盟一体化建设；

八、欢迎在相关次区域框架和合作机制中继续加强合作，支持缩小地区发展差距的努力；

政治安全合作

九、重申中国和东盟国家间长期友好，尊重各国依据本国国情独立选择自身发展道路；

十、在防务、安全、非传统安全和应对跨境威胁等领域通过开展对话、建立信任措施和加强合作，增进双方互信与理解；

十一、重申维护东盟在不断演变的区域架构中的中心地位的重要性，在东盟与中日韩、东亚峰会、东盟地区论坛、东盟防长扩大会等东盟主导的各机制中继续加强对话与协调，深化区域安全合作，维护开放、透明、包容和基于规则的区域架构；

十二、加强高层往来和政策沟通，拓展各层级交往，促进治国理政经验交流；

十三、重申致力于维护和促进南海和平、安全与稳定，尊重和致力于：（1）南海航行与飞越自由；（2）根据包括 1982 年《联合国海洋法公约》在内的公认的国际法原则，由直接相关的主权国家通过友好协商和谈判，以和平方式解决其领土和管辖权争议，不诉诸武力或以武力相威胁；（3）在行动上保持自我克制，避免使争议复杂升级，扰乱和平稳定；

十四、进一步重申致力于全面有效完整落实《南海各方行为宣言》，在协商一致基础上争取早日达成和通过一个实质和有效的“南海行为准则”。注意到 2017 年 8 月中国和东盟国家外长通过的“准则”框架是朝达成有效“准则”迈出的重要一步。继续加强务实对话和海上合作，提升互信与信心，包括用好外交高官热线，落实《中国与东盟国家关于在南海适用〈海上意外相遇规则〉的联合声明》和《关于未来十年南海海岸和海洋环保的领导人宣言（2017—2027）》等；

十五、在东盟防长扩大会机制下深化中国与东盟务实防务合作，增进理解与友谊，共同应对威胁地区和平稳定的跨境和非传统安全挑战；欢迎中国和东盟国家海军为增进互信，成功举行首次中国—东盟海上联合演习；

十六、通过相关机制加强反腐败合作；

十七、认识到有效应对恐怖主义、跨境犯罪等非传统安全威胁和跨境挑战的紧迫性，有必要加强地区共同的韧性与合作；

经济合作

十八、认识到中国目前是东盟最大贸易伙伴、第三大外国直接投资来源国和重要的外国游客来源地，欢迎中国和东盟贸易、投资和旅游往来继续强劲快速增长；

十九、努力深化经贸联系，促进互联互通，实现到 2020 年双向贸易额 1 万亿美元、投资额 1500 亿美元的目标，期待到 2030 年取得更多贸易投资成果；

二十、加强双方贸易、投资和旅游往来，包括落实中国—东盟自贸协定和《中华人民共和国与东南亚国家联盟关于修订〈中国—东盟全面经济合作框架协议〉及项下部分协议的议定书》，包括完成中国—东盟自贸区升级议定书“未来工作计划”；探讨促进贸易投资往来的新倡议，提升营商环境，探讨自贸区进一步升级可能性以及在电子商务、竞争和知识产权等新领域开展合作；

二十一、重申致力于加快完成现代、全面、高质量和互利的《区域全面经济伙伴关系协定》谈判，大力促进全球贸易，提升经济增长，创造更多就业，以包容性方式提高地区人民生活水平；

二十二、加强物理和规制联通，依据《东盟互联互通总体规划2025》战略目标促进市场紧密融合，提升数字互联互通，包括支持落实《东盟信息通信技术总体规划2020》等；

二十三、深化金融合作，包括推动亚洲基础设施投资银行等国际金融机构积极参与，调动私营资本，提升能力建设，支持区域基础设施发展；

二十四、通过中国“一带一路”倡议等平台，本着包容、互利和尊重国际法的原则，进一步促进海洋经济合作领域的对话交流；

二十五、重申致力于鼓励东盟国家和中国航空公司挖掘潜力，用好《中国—东盟航空运输协定》及其第一、第二议定书，实现区域更大范围联通，努力实现中国和东盟航空服务全面自由化的终极目标；

二十六、促进区域知识产权生态系统建设，通过及时的知识产权认证和保护以及知识产权跨境商业化和适用，支持和促进创新；

二十七、在共同关心的领域探讨科技创新合作和协作，包括抓住数字经济和技术创新机遇，应对潜在的新技术挑战，在电信、电子商务和智慧城市发展等领域实现创新驱动发展。欢迎建立“东盟智慧城市网络”，欢迎中国支持“东盟智慧城市网络”；

二十八、促进产能、技术创新，促进中小微企业发展和区域增长，支持落实《东盟中小企业发展战略行动计划（2016—2025）》，分享中小微企业最佳实践和经验，组织研讨会、培训班等能力建设活动；

二十九、建立正式高级别合作机制，加强、深化和拓展双方旅游合作；

三十、积极融入经济全球化，进一步促进经济一体化，包括支持建立东亚共同体长期目标，为地区民众带来福祉；

三十一、认识到在新版《中国—东盟清洁能源能力建设项目》以及“东盟清洁煤利用路线图研究”框架下，采取区域措施促进清洁能源发展的重要性；

三十二、鼓励中国—东盟蓝色经济伙伴关系，促进海洋生态系统保护和海洋及其资源可持续利用，开展海洋科技、海洋观测及减少破坏合作，促进海洋经济发展等；

三十三、探讨新科技、数字和技术创新带来的机遇，应对新技术对经济发展潜在共同挑战，欢迎 2018 年“中国—东盟创新年”为双方创新合作注入新动力；

社会文化合作

三十四、通过中国—东盟教育交流周等平台，加强教育创新和学术交流；

三十五、鼓励双方人文交流与合作，共创美好未来，继续在语言、文化、艺术和遗产等领域促进青年交流，提升相互理解，深化友谊，通过相关教育机构在各层级、不同领域为青年学者举办培训；

三十六、加强环保、水资源管理、可持续发展、气候变化合作，包括落实《中国—东盟环境保护战略（2016—2020）》，支持《东盟社会文化共同体蓝图 2025》相关战略措施等；

三十七、重申加强中国—东盟文化关系意识的重要性，鼓励开展文化交流，继续提升双方文化遗产保护意识；

三十八、加强建设性对话与合作，促进积极老龄化，更好地应对老龄化社会挑战；

三十九、促进政府间政策沟通，欢迎中国在适当领域为东盟国家提供援助，以实现联合国 2030 年可持续发展议程目标，包括依据各自可持续发展目标消除各种形式贫困。

附录二

中国—东盟自贸区《投资协议》

中华人民共和国政府与东南亚国家联盟成员国政府全面经济合作框架协议投资协议

（参考中译文）

中华人民共和国（以下简称“中国”）政府，文莱达鲁萨兰国，柬埔寨王国，印度尼西亚共和国，老挝人民民主共和国，马来西亚，缅甸联邦，菲律宾共和国，新加坡共和国，泰王国和越南社会主义共和国等东南亚国家联盟成员国（以下将其整体简称为“东盟”或“东盟各成员国”，单独提及一国时简称“东盟成员国”）政府，（以下将其整体简称为“各缔约方”，单独提及东盟一成员国或中国时简称为“一缔约方”）：

忆及2002年11月4日在柬埔寨金边由中国和东盟领导人签订的《中华人民共和国政府与东南亚国家联盟成员国政府全面经济合作框架协议》（以下简称《框架协议》）；

进一步忆及《框架协议》第五条及第八条，为建立中国—东盟自由贸易区和促进投资，建立一个自由、便利、透明及竞争的投资体制，各缔约方同意尽快谈判并达成投资协议，以逐步实现投资体制自由化，加强投资领域的合作，促进投资便利化和提高投资相关法律法规的透明度，并为投资提供保护；

注意到《框架协议》所认识到的缔约方之间不同的发展阶段和速

度，和对柬埔寨、老挝、缅甸和越南等东盟新成员实行特殊和差别待遇及灵活性的必要性；

重申各缔约方按既定的时间表建成中国—东盟自由贸易区的承诺，并允许各缔约方在处理《框架协议》所包含的各自敏感领域中具有灵活性，在平等互利的基础上实现经济的可持续增长与发展，实现双赢的结果；

重申各缔约方在世界贸易组织（WTO）和其他多边、区域及双边协定和安排中的权利、义务和责任。

达成协议如下：

第一条　定义

一、就本协议而言：

（一）“AEM”是指东盟经济部长会议；

（二）“可自由兑换货币”是指国际货币基金组织在其协议相关条款及任何修正案中指定为可自由兑换货币的任何货币；

（三）“GATS”是指世界贸易组织协定附件 1B《服务贸易总协定》；

（四）“投资”是指一方投资者根据另一缔约方相关法律、法规和政策[①]在后者境内投入的各种资产，包括但不限于：

1. 动产、不动产及抵押、留置、质押等其他财产权利；

2. 股份、股票、法人债券及此类法人财产的利息；

3. 知识产权，包括关于版权、专利权和实用模型、工业设计、商标和服务商标、地理标识、集成电路设计、商名、贸易秘密、工艺流程、专有技术及商誉等权利；

① 为进一步明确，政策指经一缔约方政府批准和宣布并以书面形式向公众公布的影响投资的政策。

4. 法律或依合同授予的商业特许经营权，[①] 包括自然资源的勘探、培育、开采或开发的特许权；和

5. 金钱请求权或任何具有财务价值行为的给付请求权。

就本目中的投资定义而言，投资收益应被认作投资，投入或再投入资产发生任何形式上的变化，不影响其作为投资的性质；

（五）“一缔约方的投资者”是指正在[②]或已在其他缔约方境内进行投资的一缔约方自然人或一缔约方法人；

（六）“一缔约方的法人”是指根据一缔约方适用法律适当组建或组织的任何法人实体，无论是否以营利为目的，无论属私营还是政府所有，并在该缔约方境内具有实质经营，包括任何公司、信托、合伙企业、合资企业、个人独资企业或协会；

（七）“措施”是指一缔约方所采取的，影响投资者和/或投资的，任何普遍适用的法律、法规、规则、程序、行政决定或行政行为，包括：

1. 中央、地区或地方政府和主管机关所采取的措施；和

2. 由中央、地区或地方政府和主管机关授权行使权力的非政府机构所采取的措施；

（八）“MOFCOM”指中华人民共和国商务部；

（九）“一缔约方的自然人”是指根据一缔约方法律法规拥有该缔

① 商业特许经营权包括合同权利，诸如承包权、建筑和管理合同、生产或收入分配合同、特许经营或其他类似合同，也可包括例如建设—运营—转交（BOT）和建设—运营—拥有（BOO）方式的项目投资资金。

② 为进一步明确，“正在其他缔约方境内进行投资”仅与最惠国待遇条款和转移和利润汇回条款相关。

约方国籍、公民身份或永久居民权的任何自然人；①

（十）“收益”是指获利于或源自一项投资的总金额，特别是指但不限于利润、利息、资本所得、红利、版税或酬金；

（十一）“SEOM”是指东盟经济高官会议；

（十二）“WTO 协定”是指 1994 年 4 月 15 日于摩洛哥马拉喀什订立的《马拉喀什建立世界贸易组织协定》。

二、上述每一术语的定义应适用于本协议，除非文中另有规定，或者一缔约方对任何上述术语对其承诺或保留的适用另有特殊定义。

三、除非文中另有规定，本协议中单数形式的定义措辞应包括复数形式，及所有复数形式的定义措辞应包括单数形式。

第二条　目标

本协议的目标是旨在通过下列途径，促进东盟与中国之间投资流动，建立自由、便利、透明和竞争的投资体制：

（一）逐步实现东盟与中国的投资体制自由化；

（二）为一缔约方的投资者在另一缔约方境内投资创造有利条件；

（三）促进一缔约方和在其境内投资的投资者之间的互利合作；

（四）鼓励和促进缔约方之间的投资流动和缔约方之间投资相关事务的合作；

（五）提高投资规则的透明度以促进缔约方之间投资流动；以及

（六）为中国和东盟之间的投资提供保护。

---

① 对于印度尼西亚、老挝人民共和国、缅甸、泰国和越南，由于其不授予外国人永久居民权或不给予永久居民与其国民或公民同等利益，上述缔约方没有法律义务将本协议的利益给予任何其他缔约方的永久居民，或不要求任何其他缔约方要求将上述利益给予该缔约方的永久居民，如果可适用上述利益。

对于中国，在中国颁布关于外国永久居民的待遇国内法律之前，在其他缔约方给予对等待遇的前提下，中国给予其他缔约方永久居民的待遇在同等条件下应不低于给予第三国的待遇，如果该永久居民放弃其源自中国与任何第三国达成的任何其他投资协定或安排中关于争端解决的规定的权利。

第三条 适用范围

一、本协议应适用于一缔约方对下列相关情形采取或保留的措施：

（一）另一缔约方的投资者；和

（二）另一缔约方投资者在其领土内的投资：

1. 对于中国，根据 2001 年 12 月 11 日中国加入世界贸易组织时世界贸易组织定义的全部关税领土。就此而言，本协议中对中国“领土”的表述是指中国的关税领土；和

2. 对于东盟成员国，其各自的领土。

二、除非本协议另有规定，本协议应适用于一缔约方投资者在另一缔约方境内的所有投资，无论其设立于本协议生效前或生效后。为进一步明确，本协议的规定不对任何缔约方，涉及在本协议生效之前发生的任何行动或事实或已终止的任何状态，具有约束力。

三、就泰国而言，本协议仅适用于在泰国境内被确认并依据泰国适用的国内法律、法规和政策，获得其主管机构①明确书面批准保护的另一方投资者的投资。

四、本协议不适用于：

（一）任何税收措施。本项不应损害缔约方关于下列税收措施的权利和义务：

1. 依据 WTO 的权利和义务准予或征收的；

2. 第八条（征收）和第十条（转移和利润汇回）的规定；

3. 第十四条（投资者与国家之间的争端解决）的规定，若争端源自第八条（征收）；以及

4. 关于避免双重征税的任何税收协定的规定。

（二）规范政府机构为政府目的（政府采购）进行货物或服务采购的法律、法规、政策或普遍适用的程序，只要该采购不以商业转售或为商业销售生产货物或提供服务为目的；

① 负责授予此类批准的主管机构的名称和联系方式应通过东盟秘书处通知其他缔约方。

（三）一缔约方提供的补贴或补助，及接受或持续接受此类补贴或补助所附带的任何条件，无论此类补贴或补助是否仅提供给国内投资者和投资；

（四）一缔约方相关机构或主管机关行使政府职权时提供的服务。就本协议而言，行使政府职权时提供的服务指既不以商业为基础，也不与一个或多个服务提供者竞争的任何服务；以及

（五）一缔约方采取或维持的影响服务贸易的措施。

五、尽管有第四款第（五）项的规定，第七条（投资待遇）、第八条（征收）、第十条（转移和利润汇回）、第九条（损失的补偿）、第十二条（代位）和第十四条（缔约方与投资者间争端解决），经必要修改后，应适用于影响一缔约方服务提供者在另一缔约方境内通过商业存在的方式提供服务的任何措施，但仅限于此类措施与本协议相关的投资和义务，无论此服务部门是否列于 2007 年 1 月 14 日于菲律宾宿务签订的《中华人民共和国与东南亚国家联盟全面经济合作框架协议服务贸易协议》的缔约方的具体承诺减让表中。

第四条 国民待遇

各方在其境内，应当给予另一方投资者及其投资，在管理、经营、运营、维护、使用、销售、清算或此类投资其他形式的处置方面，不低于其在同等条件下给予其本国投资者及其投资的待遇。

第五条 最惠国待遇

一、各缔约方在准入、设立、获得、扩大、管理、经营、运营、维护、使用、清算、出售或对投资其他形式的处置方面，应当给予另一缔约方投资者及其相关投资，不低于其在同等条件下给予任何其他缔约方或第三国投资者及/或其投资的待遇。

二、尽管有第一款的规定，如果一缔约方依据任何其为成员的将来的协定或安排，给予另一缔约方或第三国投资者及其投资更优惠的待遇，其没有义务将此待遇给予另一缔约方的投资者及其投资。但是，经

另一缔约方要求，该缔约方应给予另一缔约方充分的机会，商谈其间的优惠待遇。三、尽管有第一款和第二款的规定，此待遇不包括：

（一）在任何现存与非缔约方的双边、地区及国际协定或任何形式的经济或区域合作中，给予投资者及其投资的任何优惠待遇；和

（二）在东盟成员国之间及一缔约方同其单独关税区之间的任何协定或安排中，给予投资者及其投资的任何现有或未来优惠待遇。

四、为进一步明确，本条规定的义务不包含要求给予另一方投资者除本章规定内容以外的争端解决程序。

第六条 不符措施

一、第四条（国民待遇）和第五条（最惠国待遇）不适用于：

（一）任何在其境内现存的或新增的不符措施；

（二）任何第（一）项所指不符措施的延续或修改。

二、各方应当尽力逐步消除不符措施。

三、各方应根据第二十四条（审议）展开讨论，以推进第二条第（一）项和第二条第（五）项中的目标。在根据第二十二条（机构安排）设立的机构监督下，各方应尽力实现上述目标。

第七条 投资待遇

一、各缔约方应给予另一方投资者的投资公平和公正待遇，提供全面保护和安全。

二、为进一步明确：

（一）公平和公正待遇是指各方在任何法定或行政程序中有义务不拒绝给予公正待遇；和

（二）全面保护与安全要求各方采取合理的必要措施确保另一缔约方投资者投资的保护与安全。

三、违反本协议其他规定或单独的国际协定的决定，并不构成对本条的违反。

第八条　征收

一、任何一缔约方不得对另一缔约方投资者的投资实施征收、国有化或采取其他等同措施（“征收”），除符合下列条件：

（一）为公共目的；

（二）符合可适用的国内法包括法律程序；

（三）以非歧视的方式实施；以及

（四）按照第二款规定给予补偿。

二、此补偿应以征收公布时或征收发生时被征收投资的公平市场价值计算，孰为先者作准。补偿应允许以可自由兑换货币从东道国自由转移。补偿的偿清和支付不应有不合理的拖延。公平市场价值不应因征收事先被公众所知而发生任何价值上的变化。

三、一旦发生拖延，补偿应包括按主要商业利率计算的从征收发生日起到支付日之间的利息。① 包括应付利息在内的补偿，应当以原投资货币或应投资者请求以可自由兑换货币支付。

四、尽管有第一段、第二段和第三段的规定，任何相关土地征收的措施，应由各缔约方各自现有的国内法律、法规及任何修正案进行解释，对于补偿金额也应依据上述法律、法规解释。

五、对于一缔约方所征收的法人财产，若该法人为根据其法律、法规以股份形式组成或建立，且另一缔约方的投资者拥有其中股份，本条前述几款的规定应适用，以保证支付给此投资者的补偿符合其所征收财产的利益。

六、本条不适用于根据 WTO 协定附件 1C《与贸易有关的知识产权协定》给予的与知识产权相关的强制许可。

---

① 对马来西亚、缅甸、菲律宾、泰国和越南而言，一旦发生拖延，对另一缔约方投资者的投资征收补偿的利息应根据其法律、法规和政策确定，前提是此法律、法规和政策在非歧视基础上适用于另一缔约方或非缔约方投资者的投资。

第九条　损失补偿

一缔约方投资者在另一缔约方境内的投资，如果因另一方境内战争或其他武装冲突、革命、国家紧急状态、叛乱、起义或骚乱而遭受损失，则另一缔约方在恢复原状、赔偿、补偿和其他解决措施方面，在同等条件下，给予该投资者的待遇不应低于其给予任何第三国投资者或本国国民的待遇，并从优适用。

第十条　转移和利润汇回

一、任一缔约方应允许任何其他方投资者在该缔约方境内的投资的所有转移，能以转移当日外汇市场现行汇率兑换为可自由兑换货币，允许此类转移不延误地自由汇入或汇出该方领土。此类转移包括：

（一）初始投资，及任何用于保持或扩大投资的追加资本；[①]

（二）任何其他缔约方投资者的任何投资所产生的净利润、资本所得、分红、专利使用费、许可费、技术支持、技术及管理费、利息及其他现金收入；

（三）任何其他缔约方投资者的任何投资的全部或部分销售或清算所得款项，或减少投资资本所得款项；

（四）一缔约方投资者偿付任何其他方投资者的借款或贷款，只要各缔约方已认定其为投资；

（五）任何其他缔约方自然人的净收入和其他补偿，该自然人受雇佣并允许从事与在该方境内投资相关的工作；

（六）依据任何其他缔约方投资者或其投资所订立合同进行的支付，包括依据贷款业务进行的支付；以及

（七）依据第八条（征收）和第九条（损失补偿）进行的支付。

二、各方给予第一款所述转移的待遇，在同等条件下，应等同于任何其他缔约方或第三国投资所产生的转移。

---

① 各缔约方同意“初始投资及任何用于保持或扩大投资的追加资本”所指仅适用于成功完成审批程序的资本流入。

三、尽管有第一款和第二款的规定，一缔约方在公平、非歧视和善意实施其与下列内容相关的法律法规基础上，可以阻止或延迟某一项转移，包括：

（一）破产，丧失偿付能力或保护债权人权利；

（二）未履行东道方的关于证券、期货、期权或衍生产品交易的转移要求；

（三）未履行税收义务；

（四）刑事犯罪和犯罪所得的追缴；

（五）社会安全、公共退休或强制储蓄计划；

（六）依据司法判决或行政决定；

（七）与外商投资项目停业的劳动补偿相关的工人遣散费；以及

（八）必要时用于协助执法或金融管理机构的财务报告或转移备案记录。

四、为进一步明确，本条前述各款所指的转移应遵守各自外汇管理国内法律和法规所规定的相关程序，只要此类法律和法规不被用做规避缔约方本协议义务的手段。

五、本协议的任何规定不得影响各方作为国际货币基金组织成员在《国际货币基金协定》项下的权利和义务，包括采取符合《国际货币基金协定》的汇兑行动，但是一方不得对任何资本交易设置与其在本协议中具体承诺不一致的限制，但以下情形除外：

（一）依据第十一条（国际收支平衡保障措施）；

（二）应国际货币基金组织的要求；

（三）在特殊情形下，资本的流动导致相关缔约方严重的经济或金融动荡，或存在导致上述情况的威胁。

六、根据第五款第（三）项所采取的措施：①

① 为进一步明确，为维持汇率稳定包括为防止投机资本流动而采取或维持的任何措施，不应以保护某一特定部门为目的。

（一）应与《国际货币基金组织协定》条款相一致；

（二）不得超过处理第五款第（三）项所指情况所必需的程度；

（三）应是暂时的，并在其设立和维持不再具有合理性时予以取消；

（四）应尽早通知其他缔约方；

（五）应使任何一方所获待遇不低于任何其他方或非缔约方所获待遇；

（六）应在国民待遇的基础上实施，且

（七）应避免对其他缔约方的投资者、所涉投资和商业、经济和财政利益造成不必要的损害。

第十一条　国际收支平衡保障措施

一、若发生国际收支严重不平衡、外部金融困难或威胁，一缔约方可采取或保留投资限制措施，包括与此类投资相关的支付和转移。认识到缔约方在经济发展过程中面临的保持国际收支平衡的特别压力，可在必要时采取限制措施或其他方式，确保维持适当的外汇储备水平以实施其经济发展计划。

二、第一段所指的限制措施应：

（一）与国际货币基金组织协议的条款相一致；

（二）在缔约方之间没有歧视；

（三）避免对任何其他缔约方的商业、经济和金融利益造成不必要的损害；

（四）不超越处理第一段所描述情形的必要限度；

（五）属临时性的，并在第一段所述情形改善时逐步取消；以及

（六）给予任一其他缔约方的待遇不低于任何第三国。

三、一缔约方依据第一款采取或保留的任何限制措施，或对这些措施的任何修改，应及时通知所有其他缔约方。

第十二条　代位

一、如果任何一方或其指定的任何代理、机构、法定机构或公司，依照保险向其本国投资者就相关投资或其中任何一部分依据本协议形成的要求权进行了支付，其他相关方应当承认前述缔约方或其指定的任何代理、机构、法定机构或公司有资格代位履行其投资者的权利和要求权。代位权利或要求权不应超过投资者的原始权利或要求权。

二、如一方或其指定的任何代理、机构、法定机构或公司已向其投资者进行了支付，并已接管该投资者的权利及请求，则该投资者不得向另一方主张这些权利或请求，除非其得到授权，代表该方或进行支付的代理机构采取行动。

第十三条　缔约方间争端解决

2004 年 11 月 29 日于老挝万象签订的《中国—东盟全面经济合作框架协议争端解决机制协议》的规定，适用于本协议缔约方间争端解决。

第十四条　缔约方与投资者间争端解决

一、本条适用于一缔约方与另一缔约方的投资者之间产生的，涉及因前一缔约方违反本协议第四条（国民待遇）、第五条（最惠国待遇）、第七条（投资待遇）、第八条（征收）、第九条（损失补偿）、第十条（转移和利润汇回），通过对某一投资的管理、经营、运营、销售或其他处置等行为给投资者造成损失或损害的投资争端。

二、本条不适用于：

（一）在本协议生效前，已发生的事件引发的投资争端、已解决的投资争端或者已进入司法或仲裁程序的投资争端；

（二）争端所涉投资者拥有争端所涉缔约方的国籍或公民身份的情况。

三、争端所涉方应尽可能通过磋商解决争端。

四、如果按第三款规定提出磋商和谈判的书面请求后 6 个月内，争端仍未解决，除非争端所涉方另行同意，则应当根据投资者的选择，将争端：

（一）提交有管辖权的争端缔约方法院或行政法庭；或

（二）如果争端所涉缔约方和非争端所涉缔约方均为国际投资争端解决中心公约的成员，则可根据《国际投资争端解决中心公约》及《国际投资争端解决中心仲裁程序规则》[①] 提交仲裁；或

（三）如果争端所涉缔约方和非争端所涉缔约方其中之一为国际投资争端解决中心公约的成员，则可根据国际投资争端解决中心附加便利规则提交仲裁；或

（四）根据《联合国国际贸易法委员会的规则》提交仲裁；或

（五）由争端所涉方同意的任何其他仲裁机构或根据任何其他仲裁规则进行仲裁。

五、在一争端已被提交给适格的国内法院的情况下，所涉投资者如果在最终裁决下达前从国内法院撤回申请，可将其提交给国际争端解决机构。对于印度尼西亚、菲律宾、泰国和越南，一旦投资者将争端提交给其适格的法院和行政法庭，或根据本条第四款第（二）项、第（三）项、第（四）项或第（五）项规定的仲裁程序之一，则选定的程序是终局性的。

六、与本条内容保持一致，根据如上第四款第（二）项、第（三）项、第（四）项或第（五）项将争端提交调解或仲裁，应取决于：

（一）将争端提交调解或仲裁发生在争端所涉投资者知道，或者在合理情况下应当知道对本协议义务的违反对其或其投资造成损失或损害之后的 3 年内；以及

（二）争端所涉投资者在提交请求 90 日前以书面方式将他（或她）欲将此争端提交调解或仲裁的意愿通知争端所涉缔约方。争端所涉缔约方收到通知后，可要求争端所涉投资者在提交争端前根据第四款第

① 对于菲律宾，出现投资争端，只有争端双方的书面同意，方可根据《解决国家和他国国民之间投资争端公约》和《解决投资争端国际中心仲裁程序规则》提交仲裁请求。

（二）项、第（三）项、第（四）项或第（五）项完成其国内法规规定的国内行政复议程序。通知应：

1. 指定第四款第（二）项、第（三）项、第（四）项或第（五）项之一作为争端解决法庭，在第四款第（二）项的情况下，指明是寻求调解或是仲裁；

2. 在第四款所指的任何争端所涉法庭上，放弃其发起或进行任何程序（不包括第七款所指的中期保护措施的程序）的权利；并且

3. 简要总结本协议（包括被认为所违反的条款）项下争端所涉缔约方被认为违反规定的情况，以及对投资者或其投资造成的损失或损害。

七、任何缔约方不得阻止争端所涉投资者，在第四款所指任何争端解决机制的程序之前，寻求过渡性保护措施，以保护其权利和利益，只要该措施不涉及需争端缔约方法院判决和行政裁决的伤害补偿和争端实质问题的解决。

八、任何缔约方不得对其投资者和任一其他缔约方依照本条应同意提交或已提交调解或仲裁的相关争端，提供外交保护或国际要求，除非此缔约方对此争端未能遵守所做出的裁定。对于本款，外交保护不包括为便利一项争端解决的单一目的进行的非正式外交交涉。

九、当一投资者提出争端缔约方采取或执行税收措施已违背第八条（征收），应争端缔约方请求，争端缔约方和非争端缔约方应举行磋商，以决定争议中的税收措施是否等效于征收或国有化。任何依照本协议设立的仲裁庭应根据本款认真考虑缔约双方的决定。

十、如缔约双方未能启动此类磋商，也未能在自收到第四款所指的磋商请求的180天内，决定此类税收措施是否等效于征收或国有化，则不应阻止争端所涉投资者根据本条款将其要求提交仲裁。

第十五条　利益的拒绝

一、经事先通知及磋商，一方可拒绝将本协议的利益给予：

（一）另一方投资者，如果该投资是由非缔约方的人拥有或控制的法人进行的，且该法人在另一方境内未从事实质性商业经营；或者

（二）另一方投资者，如果该投资是由拒绝给予利益一方的人拥有或控制的法人进行的。二、尽管有第一款规定，对于泰国，根据其适用的法律和/或法规，可以拒绝将与投资准入、设立、收购和扩大相关的本协议利益给予作为另一方法人的投资者或此类投资者的投资，如果泰国确定该法人[①]被一非缔约方或拒绝给予利益方的自然人或法人所控制或拥有。

三、在不影响第一款的前提下，菲律宾可拒绝将本协议利益给予另一方的投资者和该投资者的投资，如果其确定该投资者所设投资违反了名为“惩治规避某些权利、特权或优先权的国有化法行为的法案”的《第108号联邦法案》，该法案由第715号总统令修订，并可经修订称作《反欺诈法》。

第十六条　一般例外

一、在此类措施的实施不在情形类似的缔约方、缔约方的投资者或投资者的投资之间构成任意或不合理歧视的手段，或构成对任何一方的投资者或其设立的投资的变相限制的前提下，本协议的任何规定不得解释为阻止任何成员采取或实施以下措施：

（一）为保护公共道德或维护公共秩序所必需的措施；[②]

（二）为保护人类、动物或植物的生命或健康所必需的措施；

（三）为使与本协议的规定不相抵触的法律或法规得到遵守所必需的措施，包括与下列内容有关的法律或法规：

---

① （一）对于泰国，本条中的法人是指：

1. 被一方或非缔约方自然人或法人所“拥有”，若其中超过50%的股比被此类人受益拥有；

2. 被一方或非缔约方自然人或法人所“控制”，若此类人有权任命大部分董事，或合法指导法人的行为。

（二）对于印度尼西亚、缅甸、菲律宾和越南，拥有和控制由其本国法律法规定义。

② 就本款而言，《服务贸易总协议》第十四条脚注5经必要修改后纳入本协议，构成协议一部分。

1. 防止欺骗和欺诈行为或处理服务合同违约而产生的影响；

2. 保护与个人信息处理和传播有关的个人隐私及保护个人记录和账户的机密性；以及

3. 安全；

（四）旨在保证对任何一方的投资或投资者公平或有效地[①]课征或收取直接税；

（五）为保护具有艺术、历史或考古价值的国宝所采取的措施；

（六）与保护不可再生自然资源相关的措施，如这些措施与限制国内生产或消费一同实施。

二、对于影响提供金融服务的措施而言，WTO 协议附件 1BGATS 关于金融服务的附件第二款（国内规制），经必要调整后并入本协议，构成协议的一部分。

第十七条 安全例外

本协议的任何规定不得解释为：

（一）要求任何一方提供其认为如披露会违背其基本安全利益的任何信息；或

（二）阻止任何一方采取其认为对保护基本安全利益所必需的任何行动，包括但不限于：

1. 与裂变和聚变物质或衍生这些物质的物质有关的行动；

2. 与武器、弹药和作战物资的贸易有关的行动，及与此类贸易所运输的直接或间接供应军事机关的其他货物和物资有关的行动；

3. 为保护关键的公共基础设施免受使其丧失或降低功能的故意袭击行动；

4. 战时或国内或国际关系中其他紧急情况下采取的行动；或者

（三）阻止一方为履行其在《联合国宪章》项下的维护国际和平与

① 就本款而言，《服务贸易总协议》第十四条脚注 6 经必要修改后纳入本协议，构成协议一部分。

安全的义务而采取的任何行动。

第十八条　其他义务

一、若任何一方在协议实施之时或此之后的法律或缔约方之间的国际义务使得另一方投资者的投资所获地位优于本协议下所获地位，则此优惠地位不应受本协议影响。

二、各方应遵守其对另一方投资者的投资业已做出的任何承诺。

第十九条　透明度

一、为实现本协议的目标，各方应：

（一）发布在其境内关于或影响投资的所有相关法律、法规、政策和普遍使用的行政指南；

（二）及时并至少每年向其他方通报显著影响其境内投资或本协议下承诺的任何新的法律或现有法律、法规、政策或行政指南的任何变化；

（三）建立或指定一个咨询点，其他方的任何自然人、法人或任何人可要求并及时获取第（一）项和第（二）项下要求公布的与措施相关的所有信息；

（四）至少每年一次通过东盟秘书处向其他方通报该方作为缔约方的任何未来的给予任何优惠待遇的投资相关协议或安排。

二、本协议的任何规定不得要求一方提供或允许接触机密信息，披露此类信息会阻碍法律实施、违背公共利益或损害特定法人、公众或私人的合法商业利益。

三、根据第一款的所有通报和通信应使用英文。

第二十条　投资促进

在其他方面，缔约方应合作采取以下措施加强中国—东盟投资地区意识：

（一）增加中国—东盟地区投资；

（二）组织投资促进活动；

（三）促进商贸配对活动；

（四）组织并支持机构举行形式多样的关于投资机遇和投资法律、法规和政策的发布会和研讨会；并

（五）就与投资促进和便利化相关的互相关心的其他问题开展信息交流。

第二十一条　投资便利化

在其他方面，缔约方应按照其法律法规，在中国和东盟间开展以下投资便利化合作：

（一）为各类投资创造必要环境；

（二）简化投资适用和批准的手续；

（三）促进包括投资规则、法规、政策和程序的投资信息的发布；并

（四）在各个东道方建立一站式投资中心，为商界提供包括便利营业执照和许可发放的支持与咨询服务。

第二十二条　机制安排

一、鉴于常设机构尚未建立，由中国—东盟经济高官会支持与协助的中国—东盟经济部长会应监督、指导、协调并审议本协议的实施。

二、东盟秘书处应监控并向中国—东盟经济高官会报告协议的实施情况。所有缔约方应在履行东盟秘书处职责方面与秘书处进行合作。

三、各方应指定一个联系点，促进缔约方间就本协议涵盖的任何事务开展交流。应一方要求，被要求方的联系点应指明某事务的办事机构或负责人员，便利与要求方的交流。

第二十三条　与其他协议的关系

本协议不得减损一方作为任何其他国际协议缔约方的现有权利和义务。

第二十四条　一般审议

中国—东盟经济部长会或其指定代表应在协议实施之日起一年内召

开会议，之后应每两年或在其他适当时候召开会议，审议本协议，以推进第二条（目标）所设定的目标。

第二十五条 修订

缔约方可书面修订本协议，此类修订应在缔约方同意的日期生效。

第二十六条 交存

对于东盟成员国，本协议应交存于东盟秘书长，东盟秘书长应及时向每一个东盟成员国提供一份经核证的副本。

第二十七条 生效

一、本协议自签订之日起6个月生效。

二、缔约方承诺完成使本协议生效的国内程序。

三、如一缔约方未能在签订之日起6个月内完成使协议生效的国内程序，该缔约方依照本协议的权利与义务应自其完成此类国内程序之日后30天开始。

四、一缔约方一俟完成使本协议生效的国内程序，应书面通知其他缔约方。

下列代表经各自政府正式授权，特签订《中华人民共和国政府与东南亚国家联盟成员国政府全面经济合作框架协议投资协议》，以昭信守。

本协议于二〇〇八年八月十五日在泰国曼谷签订，一式两份，以英文写成。

重要术语索引表

参考文献

[1] Suthiphand Chirathivat. ASEAN-China Free Trade Area: background, implications and future development [J]. *Journal of Asian Economics*, 2002, 13 (5).

[2] Jan Voon, Ren Yue. CHINA-ASEAN EXPORT RIVALRY IN THE US MARKET [J]. *Journal of the Asia Pacific Economy*, 2003, 8 (2).

[3] Hiro Lee, David Roland-Holst, Dominique van der Mensbrugghe. China's emergence in East Asia under alternative trading arrangements [J]. *Journal of Asian Economics*, 2004, 15 (4).

[4] Masahiro Kawai. East Asian economic regionalism: progress and-challenges [J]. *Journal of Asian Economics*, 2005, 16 (1).

[5] Jong-Wha Lee, Innwon Park. Free Trade Areas in East Asia: Discriminatory or Non-discriminatory? [J]. *World Economy*, 2005, 28 (1).

[6] Jose L. Tongzon. ASEAN-China Free Trade Area: A Bane or Boon for ASEAN Countries? [J]. *World Economy*, 2005, 28 (2).

[7] 陈前恒，吕之望．中国与东盟农业合作状况与展望 [J]. 东南亚研究，2009 (4): 46-50.

[8] 陈前恒．关于中国—东盟农业合作状况的调研 [J]. 东南亚纵横，2009 (2): 56-59.

[9] 陈祥新，梁丹辉．中国与东盟农业合作研究现状及展望 [J]. 农业展望，2016, 12 (07): 67-71.

［10］曹玉娟，杨起全，赵延东．新周边形势下中国—东盟农业科技国际合作的广西实践［J］．中国科技论坛，2015（03）：155-160.

［11］曹云华，胡爱清．“一带一路”战略下中国—东盟农业互联互通合作研究［J］．太平洋学报，2015，23（12）：73-82.

［12］操龙升．中国农业对外投资区位选择研究［J］．河南社会科学，2017（3）：56-62.

［13］国家发展改革委外交部商务部．推动共建丝绸之路经济带和21世纪海上丝绸之路的愿景与行动［N］．人民日报，2015.3.

［14］撤晓宇，赵霞．中国对东盟国家的农业投资特点与问题分析［J］．世界农业，2018（08）：22-26+61.

［15］胡超，王新哲．中国—东盟农业生产率增长、技术进步与效率变化［J］．中国市场，2012（24）：86-91.

［16］胡超．后自贸区时代中国—东盟农业合作的困境与转型［J］．南昌大学学报（人文社会科学版），2014（2）：99-103.

［17］胡月，马志刚，王琦，田志宏．中国对外农业投资政策演变及体系结构分析［J］．世界农业，2016（09）：11-17.

［18］黄晓凤．中国农业技术向东盟输出的策略选择［J］．经济纵横，2007（10）：31-33.

［19］黄晖，曾文革．CAFTA 农业知识产权保护体制：现状、问题与前瞻［J］．经济问题探索，2013（3）：142-147.

［20］贾平凡．中国—东盟战略互信更进一步［N］．人民日报（海外版），2018-02-10（06）.

［21］雷著宁，孔志坚．中国企业投资缅甸的风险分析及防范［J］．亚非纵横，2014（4）：90.

［22］廖东声．CAFTA 背景下中国企业投资东盟农业的 SWOT 分析［J］．东南亚纵横，2009（12）：46-51.

［23］吕余生．抓住机遇加强合作共创双赢——中国—东盟自由贸

易区建成后广西与东盟农业合作的分析与思考［J］. 东南亚纵横，2010（2）：3-6.

［24］吕玲丽. 中国与东盟农产品比较优势分析［J］. 中国农村经济，2004. 9.

［25］吕玲丽，王娟. 中国与东盟国家农业合作的模式选择［J］. 改革与战略，2006（11）：71-73.

［26］兰宗宝，孔令孜，韦莉萍，钦洁，麻小燕，胡钧铭. 农业科技信息共享在中国—东盟合作中的功能及发展对策［J］. 江西农业学报，2011，23（11）：190-192.

［27］刘钧霆. 中国农业向东盟国家"走出去"战略研究［J］. 经济问题探索，2014（5）：86-89.

［28］卢肖平. 同心协力化危为机、共创未来［J］. 世界农业，2010（1）：1-6.

［29］仇焕广，杨军，黄季焜. 建立中国—东盟自由贸易区对中国农产品贸易和区域农业发展的影响［J］. 管理世界，2007（19）：56-75.

［30］尚永辉，魏君英. "一带一路"下中国与东盟农业合作研究［J］. 合作经济与科技，2017（18）：9-11.

［31］苏璇. 中国与东盟农产品贸易发展及影响因素研究［D］. 湛江：广东海洋大学，2016.

［32］隋博文，庄丽娟. 中国—东盟双方跨境农业合作方式探析［J］. 对外经贸实务，2017（6）：26-28.

［33］孙林. 中国—东盟农产品贸易竞争与合作研究［D］. 南京：南京农业大学，2005.

［34］谭亮. "一带一路"下中国—东盟农产品贸易影响因素与对策［J］. 农业经济，2017（10）：94-96.

［35］唐盛尧. 中国—东盟农业比较优势与合作战略研究［D］. 北

京：中国农业科学院，2008.

［36］谭砚文，曾华盛，李丛希．中国投资东盟农业的风险评价及国别优先序［J］．农业经济问题，2017，38（08）：76-85+111.

［37］田泽．中国企业对非洲境外投资风险评价研究［J］．现代经济探讨，2014（11）：46-49.

［38］王琦．中国对亚洲区域农业投资的主要目标与任务［J］．经济纵横，2017（2）：93-98.

［39］王琦，东盟与中日韩（10+3）粮食安全与农业投资［J］．世界农业，2016（11）：56-60.

［40］王超平．分析“一带一路”战略下中国—东盟农业合作发展［J］．农业经济与科技，2017（8）：17-18.

［41］吴昕泽．新世纪以来中国—东盟农业合作研究［D］．北京：北京外国语大学，2017.

［42］杨易，陈瑞剑．农业走出去模式研究［J］．农村工作通讯，2016（15）.

［43］杨亚非．北部湾经济区推进中国—东盟加强现代农业合作的支撑条件与路径选择［J］．世界农业，2013（1）：35-38.

［44］尤前前．中国对东盟农产品贸易逆差研究［D］．广州：广东外语外贸大学，2017.

［45］喻志勇，胡国松．石油企业海外投资并购风险的模糊综合评价［J］．中外能源，2012（5）：12-17.

［46］赵德森，黄晓晖，秦超．中国对东盟技术转移的动机与模式研究［J］．技术经济与研究，2015（11）：109-112.

［47］张莎．中国东盟农业合作：现状、问题及对策［D］．上海：上海师范大学，2013.

［48］张中元．中国与印度尼西亚的农业产能合作研究［J］．国际经济合作，2017（4）：86-92.

［49］朱月季，胡晨，李佳莲．“一带一路”倡议下中国与东盟国家农业技术合作模式研究［J］．世界农业，2018（09）：28-33+57+247.

［50］曾文革，周钰颖．论中国对东盟农业投资政治风险的法律防范［J］．经济问题探索，2013（11）：103-106.